Edition Blume

Gesche Blume

Dandys

24 Kuriositäten

Erzählungen

Edition Blume

Dandys

1. Auflage, Juli 2016

© TVL e.K., Imprint

ISBN 978-3-9815615-6-2

Zum Buch

Ein alternder Mann tranchiert Erinnerungen und Gefühle wie ein Backhähnchen. Eine Frau vergleicht die beste Freundin mit dem Planeten Venus, der wasserlos, gegenläufig und viel zu langsam um seine Achse kreist. Zwei Bekannte treffen sich nach Jahren wieder und suchen bei großer Hitze ein plüschiges Café auf.

Sie alle sind Dandys, aus der Zeit gefallen. Sie gehören einer längst vergangenen Ära an. Esther mit dem Fuchspelz. Georg, der über die Nacktkultur im Kaiserreich schreibt. Insa, die vom Jugendstil besessen, ständig Hofmannsthal zitiert. Baronin Morast, die Debussy liebt, ihn aber stets falsch spielt. In den 24 Erzählungen und Miniaturen schillert der Alltag wie Farbe unter Fixativ - oder er leuchtet uns entgegen wie aus einer fremden, bizarren Welt. Langeweile wird zu einer blauen Stimmung, das Gewöhnliche bekommt einen Schliff. Warum nicht dem tristen Alltag mit Spott und Ironie begegnen? Ein Bonmot auf der Zunge haben, fast wie zum Trost. Und wenn Marotten entlarvt werden, zieht Gesche Blume ihre Leser tief in ihr Kuriositätenkabinett. Eintreten erlaubt.

Inhalt

Für Maris

Dandys

Sie beißen ins Gras. Sie nehmen ihr Dinner en face. Ihre Haut ist rissig im Winter. Ihr Kopf ist eine spiegelglatte Fläche, glatt wie der Bildschirm, der ihre stets gekrauste Stirn reflektiert. Ihr Kopf verbirgt sich unter schnittigen Zöpfen, schwarzen Pagenrasuren, flachen Hüten. Sie behandeln ihre knielangen Stiefel mit Bienenwachs und reiben sich den Rest in das warme Gesicht. Frauen in weiten Hosen fallen hin und stehen fußkrank wieder auf, wischen mit Handschuhen aus Kalbsleder sich das Blut von den aufgeplatzten Lippen. Haben zierliche Uhren, die nachgehen, unter dem Tablet in ihre Taschen versenkt. Sie warten auf Herren mit Immortellen auf dem Bolero-Jack. Rauchen Nil, obwohl ihr Lünglein die Kraft eines Fötus hat. Im Sommer denken sie an die kalte Jahreszeit mit ihrem gleißenden Wankelmut. Sie meiden das Profane, wenden sich ab von den Wurstpellen im Supermarkt. Sie legen die Ohren an das Gemäuer eines alten Hauses und lauschen in die undichte Wasserleitung. Die Glätte des Metalls berührt sie. Sie erzählen sich Geschichten von Gestalten in Schwarz und in Weiß. Halten dagegen dafür und stemmen sich an der Haltung entlang. Allein, sagen sie zueinander, allein kann man hier nichts unternehmen. Zögernd füttern sie einander die Relative. Blicklos tragen sie einander die Bataillone ihrer Worte hinterher. Sie sehen einander en face, und während sie die Vergangenheit inskribieren, entlocken die Herren den Frauen, die Damen den Dandys in den knielangen Stiefeln immer neue Bilder und Rätsel.

Langeweile ist blau

Langeweile ist blau. Man kann sie in der Mitte tranchieren, gleich einem Backhähnchen, am besten mit einem spitzen, frisch geschliffenen Messer. Je nach Jahreszeit und Witterung haben die Eingeweide der blauen Langeweile eine andere Beschaffenheit. Im Winter kriechen die Würmer etwas weiter unter die Erde, in ein oder zwei Metern Tiefe überwintern sie. Für jede Frau, die er in seinen kalten Betten liebte, entzündet Didier eine Kerze, die lässt er solange brennen, bis sie von selbst erlischt. Im Haus klebt der Fußboden vom Kerzenwachs, die Geisterstädte eines Bienenstaates bedecken die Fensterbänke. Manchmal steht eine Frau hinter ihm, während er sich an dem steinharten Boden zu schaffen macht, er dreht sich herum, ihr Gesicht ist hell im Winternebel, denn in dem alten Park erscheinen die Gesichter aller Frauen gleich. Ihre Stimmen sind ein Chorgesang. „Erinnerst du dich noch an unser altes Glück", singen sie, und er antwortet, warum. Warum willst du mich daran erinnern. Es ist eine weiche,

unsittliche Berührung. Didier hat seine Erinnerungen längst
tranchiert. Frauen lebten mit ihm unter einem Dach, und er
hat die meisten von ihnen schon vergessen. Auch die Frauen
vergaßen schnell, nur manchmal fragten sie Didier etwas.
Manchmal, wenn das Jahr zu spät kalt wurde und es noch im
April schneite.

Didier friert. Er friert oft, seit er in dem alten Elternhaus lebt.
Dabei war er nie zuvor von solch blendender Weiblichkeit
umhüllt. Wie ein Baby nach dem Bad hüllen die Frauen ihn
ein und er fühlt sich schön. Schön wie ein wieder junger, de-
generierter Aristokrat, der in seinen Gemächern eine längst
verflossene Geliebte empfängt. Einen Moment hält er inne.
Er kann von hier auf die steinerne Terrasse des Hauses sehen,
die jetzt mit Schnee bedeckt ist. Für einige Sekunden scheint
auf dem runden, in der Ecke vergessenen Tisch das verrostete
Metall unter einer schweren Decke Schnee aufzuleuchten.
Didier erinnert sich, diesmal nicht widerwillig. Jemand im
Haus wird eine Mahlzeit zubereitet haben, damit er nicht

noch dünner wird. Die Frauen, denen er das achtstündige Brennen einer Kerze widmet. Doch er weiß, dass dies schon lange nicht mehr stimmt. Als Emma noch lebte, hatte er niemals die dunklen Krawatten angelegt. Er folgte den Marotten einer Frau, die nur helle Farben an ihm mochte. Als Emma starb, verlor er vorübergehend seine Manneskraft und erschien danach komplett in Schwarz. Die kurzen Affären, die Emma später noch nachfolgten, waren so beeindruckt von seiner ernsten Garderobe, dass er sich hütete, von ihr Abschied zu nehmen. Nur die Angestellte, die ihm täglich das Essen bringt, kommt jetzt noch zu ihm. Didier verbietet seiner Putzfrau, die Gegenstände vom erkalteten Wachs zu reinigen, doch akkurat um diese herum liegt frischer Glanz.

Frühzeitig, weiß Didier, wurde er in Beschlag genommen. „Didier, mein Junge, steh auf und sag deiner Mutter, dass ihr die Brille gut steht. Didier, Lieber, schau, der neue Hut." Streifen Sonne fuhren wie Scanner über Didiers Gesicht. Bitte, lass die Sonnenstreifen Trosttropfen sein. Er war so nackt, wenn die Mutter im Zimmer stand, die Vorhänge auseinanderzog und den Schlaf in den Hintern trat. Mutter hatte das Baby gewaschen, in weiße, flauschige Tücher gewickelt. Der Geruch von Kamille und Rosmarin lag über ihm. Später wurde er ein schöner Mann.

Dr. Brünner hat ihm geraten, sich noch regelmäßiger untersuchen zu lassen. „Es ist notwendig", sagt er betont, „dass Sie alle drei Wochen wiederkommen. Sie haben ein schwaches Herz, und wenn Sie es so weiter treiben (er hatte tatsächlich weiter treiben gesagt), riskieren Sie einen verfrühten Tod." Ein verfrühter Tod. Selbst beim Blick auf die wechselhaften und leeren Wolken, die den Aprilschnee bringen, ein Risiko spüren. Den bald schon wässrigen Schnee riechen dürfen. Didier sinniert über den Satz des Arztes. Er hat ihn nicht allein auf Didier bezogen, sondern auch auf seine Lebensweise. Nicht nur auf seinen Körper und seine Verfassung. Didier schätzt den Körper – doch er liebt ihn nicht. Und er hasst ihn nicht. Der Tod hat für Didier dieselbe

Farbe wie die Langeweile, wie Seifenblasen. Vom Schaumbad angefangen bis zu den weißen Tabletten ist der Tod etwas, das seine Vorstellung weitet, über den Körper hinaus das Materielle und Immaterielle einschließt. Warum also soll er ihn nicht riskieren. Didier entfaltet auf dem Hintergrund der blauen Langeweile ein Tableau aus Sinfonien und Chorälen, ein Lichtmeer aus Kerzen.

Bald nach der Mutter erschien seine Schwester Merlinde. Deren Bett hatte eines Nachmittags gebrannt. Merlinde hatte Glück, sie war draußen und schlief in dieser Nacht bei einer Freundin, hatte Bettzeug und Matratze von dem Holzgerüst gezogen und gesagt, ohne das würde sie nicht gehen. Die Eltern hatten die Aufsicht der Großmutter übertragen. Die hielt Sportlichkeit und Strategiespiele bei ihren Enkeln für angebracht. Draußen im Garten hatten die Temperaturen bis zum Mittag dreißig Grad erreicht. Die Häuser waren weit auseinander gebaut. Dazwischen hatten die Weizen- und Zuckerrübenfelder das Regiment. Am Himmel, der einer straffgezogenen Zudecke glich, klebte eine Sonne in der Mitte wie auf Merlindes Zeichnungen. Die Sonne lachte und hatte Strahlen. Die Großmutter zog die Vorhänge zu. Didier wollte nicht mit den achtjährigen Mädchen im Badeteich schwimmen, er wollte nicht der einzige Junge in einer blond-bezopften Schar sein. „Du bist ein Sonnenverweigerer", sagte die Großmutter und setzte die Hausarbeit fort. „Dein Groß-vater war ein Sportsmann. Geturnt hat er im Turnverein. Und du hast dünne Arme und Alabasterhaut. Keinen Klimmzug schaffst du damit. Eigentlich müsste dein Vater dich auf den Sportplatz scheuchen. Aber der amüsiert sich lieber mit deiner Mutter in der Stadt." Didier schloss die Tür. Seine Stärke waren Strategiespiele. Die Großmutter würde schon bald wieder nach ihm rufen, weil sie eine Partie starten wollte. In seinem Zimmer war es kühl, die Sonne schien nur in den frühen Morgenstunden herein. Ein wenig abgestanden war die Luft. Didier sah seine Regale nach einer Lektüre durch. Fand die Figuren vom Bleigießen an Silvester. Schüttelte Tannennadeln aus umgeklappten Heften. Groschenlektüre, hatte die Großmutter das genannt. Didier gab ihr Recht und suchte die Hefte nach einem bestimmten System heraus, um dann immer wieder darin zu lesen. Die Tannennadeln verbreiteten einen blassen Geruch. Die Bleifiguren polterten auf den Boden und zeigten Didier die bizarre Strenge des Zufalls beim schnellen Sinken der Temperatur. Er ging zu seinem Schreibtisch. Man müsste die Formen erklären, bezeichnen und kategorisieren. Ein Modell entwerfen. Draußen schwammen die Mädchen und kreischten, Didier hörte es durch die geschlossenen Fenster. Sie kreischten auch ohne dass Didier ihre Köpfe unter die Wasseroberfläche tunkte, auch ohne, dass er sie mit Wasserbomben bewarf. Didier entschied sich, Weihnachten zu spielen. Ein Weihnachten mitten im Sommer, mit der Hitze von Kerzen, dem Geruch von Tannen und Weihrauch und trockenen Holzscheiten. Er saß an seinem Tisch vor dem aufgeschlagenen Buch und hoffte, das Spiel durchführen zu können, solange er allein war. Er rannte ins Bad und schloss sich ein. Die Großmutter wischte unten den großen Wohnraum und würde nicht herauf in die Kinderetage kommen. Didier bearbeitete sein Gesicht gründlich und rieb sich mit Vaters Rasierwasser die Hände ein. Das roch nach Tannenzapfen. Er baute in Gedanken das Zimmer um. Versuchte, die Größe zu errechnen, die der Weihnachtsbaum haben müsste, damit er sein Zimmer maßstabsgetreu zum Wohnzimmer der Eltern füllen würde. Es gelang ihm auch nach einiger Mühe nicht. Er hatte in das Rechenbuch geschaut, das er nach den Ferien würde nutzen dürfen. Doch im Moment gab es niemanden, der ihm half. Didier stand auf und ging in das Zimmer seiner Schwester. Das leuchtete hinter den Vorhängen wie ein verlassener roter Salon. Oder wie ein Glutofen. Der wüste Haufen aus Gestalten von Stoff ließ Didier an Tierkadaver denken. Oma hatte zu ihm gesagt, alles was Augen hat, wird bei mir nicht gegessen, aber von euch und euren Eltern, und bald musst du das selbst tun, während sie den nackten Hühnern den Bauch auftrennte und die Eingeweide in ihre Hände glitten. Didier hob eine der Stoffgestalten auf. Besser, er ließ sie ganz. Schon wenn er sie im Beisein Merlindes nur berührte, verzog sich ihr

Mund. Hinter dem Stoffgestaltenhaufen stand das skelettierte Bett von Merlinde. Eigentlich kein Christbaum. Aber wenn er jetzt Kerzen auf dem Lattenrost verteilte, wäre das wie die Christnacht in der Kirche. Die Mutter hatte ein Kerzenlager in der Speisekammer, Abendbrot bei nüchterner Beleuchtung fand sie abscheulich.

Didier schlich die Treppe hinunter. Vorbei an der Großmutter, die jetzt die Sofas absaugte, gelangte er durch die Küche in die Speisekammer. Neben fünf Schüsseln mit Apfelkompott stand ein großes Paket mit Teelichtern. Etwas darüber, wenn Didier sich streckte, lagen Vorräte an langen Bienenwachskerzen. Didier nahm den leeren Wäschekorb, füllte alles Brenngut hinein, vergaß auch die Streichhölzer nicht. Achtsamkeit in Bezug auf die kindgerechte Verwahrung brennbarer Utensilien kann man Mama nicht vorwerfen, dachte Didier, während er den Korb vorsichtig in Merlindes Zimmer trug. Merlinde interessierte sich nicht für brennendes Feuer oder Kerzenlicht, sie wäre nie auf die Idee gekommen,

damit etwas anzufangen. Und Didiers seltsame Momente
umkurvte die Mutter im Geist wie ein Schlittschuhläufer Sand
auf der Eisbahn. Didier schüttete die Teelichte auf den
Boden. Das Mädchengeschrei im Garten war verstummt,
hatte sich verstreut in alle Winde, auf die Felder, wo die
Mädchen jetzt die Hunde der Nachbarn ausführten. Didier
entzündete einige Lichte, stellte sie auf den Lattenrost,
beobachtete die Wirkung im roten Licht des Vorhangs. Sie
war wenig feierlich.

Die Hitze im Zimmer betäubte ihn auch ohne die Kerzen, es
roch weder nach Tannen, noch nach Weihrauch, so sehr Didier sich auch anstrengte. Er nahm eine Bienenwachskerze
aus dem Korb und roch daran. Dann hielt er sie unter die
kleine Flamme, gerade so, dass sie nicht erlosch und wartete,
bis das Wachs weich genug war, um es auf das Holz zu
drücken. Bald schon hatte er alle Kerzen aufgeklebt, keine
war umgefallen, und sie brannten in Serie auf dem leeren Bett.
Didier dachte nicht an Weihnachten, die Temperatur im

Zimmer erreichte vierzig Grad Celsius und mehr. Didier schlief zwischen den Stoffgestalten seiner Schwester ein. Das blaue Licht in der Mitte der Kerzen wuchs.

Didiers anschließender Aufenthalt im Krankenhaus, das eingewickelte Gesicht, die Tabletten gegen die Schmerzen hatten ihn vom Stubenarrest entbunden. Niemand tadelte ihn für das, was er getan hatte, er bekam Unterricht im Schwimmen und Turnen, als seine Haut geheilt und vernarbt war. Der Kinderpsychologe war nett zu ihm. Er hatte eine wenig aufdringliche Art. Vieles in Merlindes Zimmer hatte man retten können. Später hatte ein plastischer Chirurg Didiers vernarbte Wange wieder vollständig hergerichtet.

Die Putzfrau fegt den Aprilschnee von der Terrasse. „Damit Sie wieder treten können. Am Ende stürzen Sie noch." Die Mundwinkel ihrer Tochter zucken im Verborgenen spöttisch. Jeden Tag holt sie in der unbeständigen Witterung die Mutter mit ihrem Mini ab und hofft, dass es kein Glatteis mehr gibt.

Jeden Tag sieht sie hinter den hohen Terrassenfenstern den seltsamen, noch stellenweise attraktiven Mann. Ein Knochenfisch, ein Fossil. Ob ein Knochenfisch sich wohl in die Tochter seiner Putzfrau verliebt. Das Haus, von außen langweilig und dreckig, birgt im Inneren einen Schatz. Doch die graue, trübe Landschaft mit den Feldern und Grasnarben, mit den verblichenen Bauten bringt die Tochter auf den Gedanken, dass diese Dinge in die Vergangenheit gehören und dort bleiben sollten. Er hat wohl sein Gesicht zu oft in die pralle Sonne gehalten. Braune Haut galt einmal als schön. Didier hat erst spät damit begonnen, seine Haut von der Sonne tönen zu lassen. Während der Schwimm- und Turnstunden, die seiner Rekonvaleszenz – und letztlich auch seiner Rehabilitierung dienen sollten, blieb er vornehm blass – ein unangenehmer Zustand vor all den braungebrannten Sportskanonen. Doktor Babyhaut nannten sie ihn.

Der Name, erzählt er, habe ihm später Geld eingebracht. Er ließ sich von einer Agentur buchen und fotografieren, für einen Prospekt. Vierzig Hauttafeln, hieß der. Eine Provokation war er. Die Kerzen auf dem Bett seiner Schwester hatten standgehalten, sie waren nicht heruntergefallen, nicht einmal verbogen hatten sie sich. Sie hatten gehalten, bis ihr Wachs zu weit verbrannt, die Flammen zu nah an das Holz geraten waren.

Eine Frau, älter als Didier, hatte an einem grauen Donnerstag im Februar ihm in einem geduckten Büro gegenüber gesessen. „So soll das aussehen. Ein Bild von Ihnen für uns. Und für jedes weitere bezahlen wir Sie selbstverständlich. Immer, wenn Sie gebucht werden." Die Frau hatte zu rote Lippen, einen fast schwarzen Dutt und hohe Schultern. Didier sah das Zimmer seiner Schwester vor sich, den Nachmittag, das rote Licht, die geometrisch sortierten Kerzenflämmchen, das blaue Licht im Inneren, das Koma, nach dem er sein Gesicht eine lange Zeit nicht richtig bewegen konnte. „Wenn Sie die Serie mit mir zu Ende bringen, dann zeige ich Ihnen einen Ort, an dem Sie meinen Körper mit all seinen Macken und Finessen ablichten können. Jeden Zentimeter ausnützen können. Jeden Winkel und sein Licht kann ich Ihnen erklären. Es ist das Haus meiner Eltern. Die Häuser dort sind weit voneinander gebaut. Es steht jetzt oft für Monate leer. Meine Eltern verbringen ihr Leben viel im Ausland. Übrigens, sagen Sie, ist es eigentlich normal, dass man meistens Unangenehmes träumt. Man nimmt irgendeine Irritation des Tages mit in den Schlaf, und sie bläht sich auf zu einem amorphen, monströsen Gebilde."

Es entstanden etliche Fotomontagen. Etliche fanden auch Eingang in Zeitgeistmagazine. Viele Male verändert, montiert, retuschiert. Didier mit den Eingeweiden eines Huhns auf der rechten Gesichtshälfte, auf blauem Hintergrund. Vor einer Küchenwand. Didier hörte auf zu studieren und schrieb sich nie wieder ein. Manchmal, wenn niemand außer ihm im Zimmer war, betrachtete er seinen Körper mit Abstand und Gleichgültigkeit. Ja, die Frauen mochten ihn. Die sahen den Körper einer Chanel-Werbung. Er trennte sich von seinen

Partnerinnen jedes Mal, wenn er spürte, dass er vor Langeweile bald ein Bett würde anzünden müssen. Seine Eltern zogen in ein wärmeres Land, in die Seniorenresidenz, ins altersgerechte Wohnen.

Kerzen werden angezündet. Es summen sich die Streichinstrumente an ihren Platz, die Trommeln und Triangeln markieren die Platzhalter, rollen über den offenen Raum hinweg. Die Möbel werden unter symphonischen Klängen entstaubt, ergänzt, zurechtgerückt – solange, bis Didier das Gefühl hat, sein Eigentum zu bewohnen. An einem ähnlichen Abend kochte er einmal Huhn in Kräutersoße. Es war der letzte Abend mit Emma gewesen.

Man sagt, alles Schrift- und Bildgut sei in Bibliotheken aufbewahrt. Da sei es ganz sicher. Warum gibt es dann auch dort Feuerleitern. Und Brandschutzmaßnahmen. Und warum fehlen uns oft die wichtigen Informationen. Wenn Film- und Fotomaterial verbrennt, so die Anweisung, soll man die Luft anhalten. Eine Atemmaske aufziehen. Es betrifft alle Erdlinge. „Herr Didier, ich kenne nur einige Aufnahmen aus der Serie, die mit dem Huhn." Die Terrasse ist nun vollständig vom Schnee befreit und zeigt ihr glattes Granitgrau. Der Himmel trägt ein tropfend schmutziges Graublau, stößt in Wolken vor und weicht zurück. Die Schneedecke auf dem Terrassentisch sinkt langsam ein. Amseldreck fällt der Putzfrau auf den Stiel des Schneeschiebers. Sie stellt ihn in die Ecke und schließt die Tür. Didier nimmt einige Kerzen, kunstvoll gedreht in drei Farben, aus dem niedrigen Einbauschrank und steckt sie in Messingständer. „Es gibt sie noch, die Fotomontagen. Aber ich hole sie nicht mehr hervor. Sie sind wellig von Hitze." Ein Löffel fällt zu Boden, und es klirrt nicht, denn an der Stelle klebt Kerzenwachs.

Multitasking Passion

Warum hast du so lange Hände, so luftige Haare, was gehst du so schwarz am Abend, die Haare glänzend vom Styling Finish, bist unnahbar, linkisch und dabei noch schön? Warum bist du so hart, eine Kontur, bist eifersüchtig, und gibst mir nichts. Warum muss ich dich sehen, sobald ich in der Stadt spazieren gehe, Unseliger, da du weißt, mit uns wird das niemals, nie Wirklichkeit sein. Du nimmst Platz in meinem Kopf, regierst und dirigierst die Phrasen.

Jeder Cent, den ich aufhebe, ist mehr wert als ein Gedanke an dich. Ich möchte anderen von dir erzählen und komme mir lächerlich dabei vor, ich möchte mit dir prahlen und finde das absurd. Um deine schlanke Gestalt sollte Stacheldraht gezogen sein, mit schwarzer Schrift auf gelbem Dreieck, Stromschlag bei Berührung.

Gold ist Gottes Auswurf, sagst du, und bist nicht einmal das. Du bist auch kein Katzengold, du bist leichter als Luft. Es geht mir um den guten Stil, den du trägst, den guten Geschmack, den du pflegst, vielleicht habe ich mich wie eine Motte in deine Kleidung verirrt. In deine Markenzeichen. Du bist das Register, das ich jederzeit ziehen kann, wie aus einem Automaten kleistrige Zuckerriegel. Man Rays Tränenbild als Poster passt in die Rollenform, das schicke ich dir.

Du forderst mich. Ein Wurfgeschoss, Kilometer entfernt, trifft dich nicht, es trifft nicht mal die Spatzen im Garten, die mit Macht ihr Dasein in die Sauerstoffhülle zwitschern. Zu kurzem Leben verdammt, sich rasch vermehrend. Ich trage eine kugelsichere Weste und bedenke nicht, dass darunter sämtliche Zwangslagen aufgestapelt und zur Ansicht ausgestellt sind.

Schwanencocktail

Nachmittags kaufe ich mir auf dem Nachhauseweg in der Bahnhofspassage eine Frühlingsrolle. Die ist in der Mitte noch halb gefroren, also beiße ich in die kalte Rolle, ohne mich zu beschweren und rede mir ein, alles sei gut. Ich sollte die Rolle in den Papierkorb werfen, dann täten meine Zähne jetzt weniger weh. Öffentliche Papierkörbe sind selten geworden – oder sie sind überfüllt. Ich schiebe mir den letzten Rest kalte, vom Antauen labberige Frühlingsrolle in den Mund und biege in die Einkaufszone ab. Ich brauche ein T-Shirt. In der Modeabteilung treffe ich Leander. Er hat studiert und schreibt einen wissenschaftlichen Artikel über Frank Wedekind und seine Tochter Kadidia. „Hallo Leander", sage ich. Im Moment unserer Begegnung kommt mir sein Blick vor wie aus Vom Winde verweht – oder ist das The Look of Love? Leander echauffiert sich über die Billigmode im Stadtzentrum. Doch er steht nun selbst in so einem Laden vor aufgestapelter Synthetik, die lieber Kaschmir wäre, und wird dabei von mir überrascht. Ich könne beinahe jede weibliche Märchengestalt verkörpern, die Zöpfe hat, meint er. Dazu passt ein weißes T-Shirt gut. Ich schlage ihm nach zwanzig Minuten Gespräch einen Kaffee bei Pelzig vor, um der Kaufhausluft zu entkommen. Das Café Pelzig ist seine Sache, die Inneneinrichtung ist konservativ, ein wenig schwermütig. Bei der Schwüle draußen sitzen und den Anblick nackter, wenig gepflegter Beine ertragen zu können, zeugt laut Leander von Elefantenmentalität. Es muss ein Kaffee drinnen sein.

Die Dame bei Pelzig nimmt unsere Bestellungen entgegen. Wir wechseln das Thema passend zur Einrichtung. Wie kondoliere ich jemandem takt- und vor allem stilvoll. Leander meint, man müsse die eigentliche Absicht unter dem Dekor verschwinden lassen. Dekor ist der Schlüssel zum Trost. Mit stilvollen und individuellen Trauerkarten ein Denkmal setzen.

Weg mit langen und fett gedruckten Überschriften, dafür
mehr Spezielles – kurz – und vor allem lyrisch. Die Leistung
der Menschheit bestehe in ihrer Fähigkeit, Träume zu
illustrieren. Unter Leanders Händen könnte selbst Stroh zu
Gold werden, wäre er nicht so bequem. Ich stochere mit dem
Strohhalm in Leda herum, einer alkoholfreien Spezialität von
Pelzig mit Plastikschwan, von der man auch im Frühling
garantiert keine Schmetterlinge in den Bauch bekommt.
Dabei stelle ich Leander Fragen zu seinen Geschäftsideen,
damit er nicht auf den Gedanken kommt, meinem trivialen
Alltag auf den Zahn zu fühlen. Er wischt sich die Finger an
der Serviette ab und legt noch ein Stück Zucker in den
Kaffee. Cocktails wie Leda verabscheut er. „Diese
Unentschiedenheit zwischen Tag und Nacht hat so was
Debiles. Ich brauche Klarheit." Unter Klarheit versteht er
schwarzen Kaffee mit zwei Stück Zucker. Die Größe der
Tasse rechnet er mit ein. „Es wird Zeit, dass mir jemand
meine Manschettenknöpfe finanziert. Du und deine Reife…"
Nett sagt er das, reif statt kurz vorm Verfaulen. Mir fallen die

abgelaufenen Bananen im Kühlschrank ein, ich erwähne sie, ohne darüber nachzudenken. Leander greift es auf. „Mit etwas mehr Übung könntest du ganze Tagungssäle in Bananenduftmeere verwandeln. Erholen Sie sich beim Duft einer tropischen Oase." Bisher war mir übertriebener Obstgeruch beim Betreten meiner Wohnung eher verdächtig. Jetzt erzähle ich Leander diese Banalität, und er führt mir einen neuen Goldesel vor. Ich kontere nicht, ich fröne Leda. Kompostkunst ist nun wirklich nur ökologisch korrekt. Leanders Antwort darauf kommt mir vor, als sei sein Geist augenblicklich zu einem Ballon mutiert, aus dem man die Luft entlassen hat. Wahrscheinlich liegt das an dem wissenschaftlichen Geplänkel seiner Arbeitsumgebung, an den fruchtlosen Recherchen in dunklen Archiven, dem schwer zu interpretierenden Schriftmaterial. Frank Wedekind. Kenner nennen ihn den Meister des Erotischen. Bei näherer Betrachtung zerbröselt er. Leander fürchtet um seine Männlichkeit. „Gedanken sind die Mutter der Impotenz", sagt er, als wir vom Tisch aufstehen.

Leander verabschiedet sich, klassisch-höflich. Packt in Gesten, was auf Trauerkarten nicht festzuhalten wäre. Und nach Pelzig freue ich mich auf die frische Luft. Zum Glück habe ich eine Arbeit, über die ich abends nicht mehr nachdenken muss.

Sich opfern

Der beauftragte Meteorologe aber hatte sich bei seiner Wettervorhersage für den 4. Juni 1900 geirrt. Das Licht reichte den Photographen nicht aus. Männer unter schwarzen Tüchern hatten hinter aufgestellten Apparaten gelauert und nicht abgedrückt. Technisch bedingte Wartezeit und Lichtaufkommen wollten nicht miteinander.

Georg legte die Brille zur Seite und massierte die Nasenwurzel. Der Kaiser war zu Blechmusik zum Palais kutschiert worden, doch es gab kein Bild zu dem Ereignis. Die Dokumentationslage um 1900, vergleichsweise gut, begann zu einem Problem für seinen neuen Artikel zu werden. Jetzt hatte das 21. Jahrhundert gerade mal sechs, sieben Jahre im Pelz – ein Pelz, den trotz des vergleichsweise geringen Alters schon die Motten eingesponnen hielten. Und er, Georg, verwaltete noch immer Schatz und Wissen, erlebte und besichtigte die Riffe und Klippen des ausgehenden

19. Jahrhunderts. Spürte dabei etwas Püreeartiges hinter der Frontseite seiner Schädeldecke, nicht gerührt aus Erbsen und Kartoffeln (wenn auch die Farben grün und gelb seinerzeit einen Aufschwung erlebten), sondern eine Melange aus Walzerklängen, Marschtiraden und dem Jahr der Seele seines Namensvetters Stefan. Immerhin war der Artikel auch ohne Foto sein eigener. Er lebte nun seit sechs Jahren in der ehemaligen Residenzstadt an der Elbe, hatte einen Lehrauftrag an der Universität, der glücklicherweise wieder einmal verlängert wurde und war mit seinen Forschungen nicht sonderlich gut vorangekommen. Beim Lesen des Wortes Marschtiraden schien eine Gerte auf seinem Allerwertesten niederzugehen, der von feinem, blauschwarzen Flanellgarn der Marke Camille Ligné umspannt wurde, sichtbar jetzt, da er ihn aus seinem Schreibsessel erhob: Herr Dr. Gräfe, die Konfiguration der Worte ist keine Wissenschaft.

Georg war ein früh verbitterter Jugendlicher. Als er die Hochschulreife erlangte, nahm er sich vor, für sein Leben eine

Praxis zu entwickeln. Eine Praxis, die ihm die Bekanntschaft mit seiner um ein Jahr älteren Kommilitonin Bernadette erleichterte. Eine, die ihn eventuell auch wieder von ihr erlösen würde. Denn unter Bernadettes Akupunkturen war es ratsam, die eigene Haut zu Stein werden zu lassen. Das Bohren ihrer Nadeln wurde auf die Weise erfolgloser und weniger schmerzhaft. Der Vorgang wurde abgebrochen. Bernadette gab sich zwar nicht gleich geschlagen, aber mangels einer neuen Methode (Hammer und Meißel waren ihr dann doch zu brachial patriarchal und schwer in unmittelbarer Nähe der universitären Gefilde erwerbbar) war doch ein einstweiliger Rückzug vom Kampfplatz geboten.

Die Zeit, in der er Bernadette regelmäßig besuchte, den Wein eröffnete, Zigaretten mit Menthol-Geschmack reichte und anschließend die für beide zur Debatte stehende Lektüre vom Regal herunterholte, war die Zeit der frühen neunziger Jahre. Er bat Bernadette, das Licht dämpfen zu dürfen, um ihr nicht zu sehr in die Augen sehen zu müssen.

„Wir Männer sind zwar die Schöpfer, aber letztendlich nur die Randfiguren. In der sterbenden Frau verwirklicht sich das Prinzip des Ästhetizismus. In einer Realität, der jegliche Originalität verloren gegangen ist." Der Roman eines wenig bekannten Wiener Rechtswissenschaftlers lag aufgeschlagen vor Georg und Bernadette, kleiner als Postkartengröße im Format, eine beschämend studentenfreundliche Ausgabe in der Farbe einer reifen Zitrone. (Georg und Bernadette nannten den zugehörigen Verlag auch den Verlag der Südfrucht- und Gemüsefarben, man konnte wählen zwischen Orange, Zitrone, Kiwi, bei drohender Diabetes bot sich die Variante Karotte an). Sie saßen in dem von Bernadette karamellfarben gestrichenen Arbeits-, Schlaf- und Wohnraum. „Braun, das Nerventonikum", hatte Bernadette ihre Farbwahl begründet. Georg saß auf dem Stuhl am runden Esstisch, sie auf der eierschalfarbenen, leicht verschmutzten Sofakante. Georg hatte den Wein, einen 1990er Károlyi, diesmal fachgerecht entkorkt und in die Rotweingläser laufen lassen. Das Geräusch hatte ihm die Schärfe des Phantastischen eingegeben und er sprach Gedanken aus, die von Bernadettes nadelfeiner Ironie fingerfertig gesteuert wurden.

„Du bist so unmodern und dabei so en vogue, dass ich deine wie in Stein gemeißelten Lippen mit den Fingern streifen möchte. Du bist ein jung Gealterter. Mein schöner, mein dunkler, mein schmaler Georg. Willkommen im Jahrzehnt der eingelegten Frauenkörper. Bin ich auch so eine sich hinopfernde natura morta für dich?"

Sie war keine Hard-, sie war eine Fine-Linerin. Die Vertreterin einer Generation, die den Stift oder den Mund benutzte, wenn es galt, männlichen Chauvinismus zu überwinden. In Georgs Fall begann sie, ihn mit dem Finger über die Haut zu akupunktieren. Ihre Kuppen fuhren über seine Lippen, pulsierten mit dem reibenden Widerstand einer elektrischen Zahnbürste, während sie aus dem Text las.

„Was wusste er denn von der Lebenden? Sie war an ihm vorüber geschritten, und ihr blasses Gesicht hatte ihn nachdenklich gemacht. Er kannte ihren Namen nicht, es war wertlos für ihn, es zu erfahren. Die, die gestorben war - die liebte er."

Punktgenau schnellte der gelenkige Finger mit dem auf anständige Kürze manikürten Nagel zwischen Georgs Zähne, tastete umher in den Landschaften von Zahnfleisch, sich aufrollender Zunge und Mundhöhle. „Da drinnen, ganz tief, sitzt der Ursprung der nekrophilen Linienkunst, die du vergötterst wie einen Fetisch. Ein Mann, schon im Niedergang begriffen, bevor er ein Vierteljahrhundert auf dem Planeten umhergewandert ist, braucht eine Kunst, die vom Auslöschen der wirklichen Welt und Personen erzählt."

Der Finger hatte sich aus Georgs Mundhöhle zurückgezogen. Auslöschen brachte ihn allmählich darauf, sich im Zimmer umzusehen. Das war das Ritual der ersten Pause nach Gesprächsbeginn. Er hatte Bernadette gebeten, das Licht abzuschwächen. Alle Gegenstände schienen aus einer hellen und einer Schattenhälfte zu bestehen, Flächen und Formen wirkten wie angeschnitten. Vor die langen Fenster waren keine Jalousetten gezogen, nur dünne Schleier, die ihn an Fliegengitterstoff erinnerten, hingen bis auf den Boden. Man konnte sämtliche Fenster der gegenüberliegenden Wohnungen einsehen, und die Vorhänge boten keinen Schutz. Bernadette hatte die metallene Leselampe so heruntergedrückt, dass der Lichtkegel nur ihre beiderseitige Lektüre ganz ausleuchtete. Möglicherweise flüchtete sie sich jetzt in die leblose Ruhe weiblicher Mumien. Sie saß im Reitsitz auf der Sofalehne, Rücken zur Wand, kaum verdeckt vom Tisch, den einen Fuß auf das Polster gestellt, den anderen am Boden, und weil sowohl drinnen als auch draußen Wärme herrschte, war sie mit einem gleichfalls dünnen Sommerrock bekleidet. Ähnlich geformt und gefaltet wie das Gardinengewebe am Fenster, gab der Rock mehr als zur Hälfte die Beine dem Leselampenlicht preis. Georg hätte niemals gewagt, Bernadettes Haut ungefragt zu berühren.

Später war er dazu übergegangen, seine Kleidung bei einem Herrenausstatter anfertigen zu lassen und Polonius-Optik wissen zu lassen, dass er ein Brillenmodell im James Joyce-Design zu einem „ermattet-wirksamen" Preis zu erwerben gedachte (was beim Verkaufspersonal zunächst für Ratlosigkeit, dann jedoch für Interesse und eine längere Kundenbindung gesorgt hatte). Vorrangig beschäftigte er sich nun mit dem eigenen Geschlecht, besser, mit seinen zur Historie gewordenen Stellvertretern.

Während er an all dies wie in Zeitraffer dachte, hatte Georg den Laptop heruntergefahren. Die Überlegungen zu den privaten Aufzeichnungen des kaiserlichen Staatsdieners mussten für heute unvollendet bleiben. Er klappte das Gerät zu und der Kaiser lag zusammengefaltet hinter einer Kaltfront oder vor einem schwefelgelben Himmel in seinem Kisten-Kasten. Georg packte den Laptop in den Wildlederkoffer und zog den Mantel vom Bügel. Im Flur schrillte die Wohnungstürglocke, die nicht, wie es früher Mode war, ein sakrales

Klingen in die Zimmerflucht entsandte, sondern ein grillen-artiges, elektronisches Zirpen in die Räume verteilte. Niedere Tiere, oder besser, die Technik verdrängte zunehmend den Geist, spürbar an den Soundkulissen, von denen man täglich umgeben war. In einer Stunde begann der Kongress. Er wollte Insa nicht warten lassen. Es schneite wiederholt, sie hatte ein Auto und war nicht geduldig. Insa wollte nur kurz über die Plakatkunst zur Jahrhundertwende sprechen. Er hingegen sollte seinen alten, aber ständig begehrten Vortrag zur Körperkultur im Kaiserreich wieder hervorholen, der im Grunde noch gar nicht fertig war.

Im Sommer, auf der Party bei Professor Dietrich, hatte er viel davon sprechen müssen, auf der Party war er Insa zum ersten Mal begegnet. Er hielt sie schon länger als erhofft mit seinem Redefluss in der Gewalt, da hatte sie sich mit einem Mal geduckt und war, das Gesicht voran, in die Menge getaucht, ihr gebeugter Rücken war wie in eine Wasserwoge geglitten. Als er sie endlich wiederfand, stand sie in ihrem tauben-

grauen, vor der Sonne nahezu farblos leuchtenden Kleid auf
dem Balkon, Kopf nach oben, wie von fremder Hand zu-
recht-gerückt, ja verdreht, und zu Vibraphon-Klängen, die
durch die offene Küche drangen, sang sie vor sich hin. Ein
aufkommender Wind, ein Luftzug, bewegte ihr glattes,
unspektakuläres Haar, und es verdeckte ihr für kurze Zeit die
gegen das Sonnenlicht schmal zusammengekniffenen Augen.
Ihr Mund war voller Heidelbeersaft, Professor Dietrichs Frau
hatte Kompott gekocht.

Drinnen saßen Geisteswissenschaftler beim Gesellschafts-
spiel. Gemeinsam hatten sie im Laufe des Abends die Erotik
der Postkarten entdeckt, die rund ums Jahr den Lehrstuhl
erreichten. Sämtliche, noch vorhandene, hatten sie in einen
Metallbehälter geworfen. Nun sollte aus den verschiedenen
Karten ein Bild erzeugt werden. Ein kartographisches Inter-
mezzo, wie Dr. Konrad Falterer dazu sagte. Passte ein Motiv
formalästhetisch zu einem anderen, wurden harmlose
Wünsche laut. Frau Rutschmann möge bitte mit der Blume

von Hawaii im Ausschnitt von der Sessellehne springen oder Dr. Konrad Falterer möge doch der neuen Doktorandin einen unanständigen Satz ins Ohr flüstern. Die Blume von Hawaii war eine aus Krepp-Papier zusammengedrehte Trophäe für lyrisch gelungene Sätze. Da dem Zeitvertreib niemand Einhalt gebot, wurde er unabsehbar fortgesetzt – bis manche Münder vor unterdrücktem Gähnen zitterten. Zuletzt drehte jemand den Behälter um und Georgs Karte fiel heraus. Formalästhetisch, so befanden alle, war Insa am Zug. Frau Dr. Insa Friedrichshagen. Das noch anwesende Grüppchen Gäste kehrte die Köpfe und sah sie desinteressiert blickend weiter hinten im Raum auf einem Stuhl sitzen. Ihre grauen Fluchttieraugen musterten das Aufgebot. Klar und deutlich, ohne einen Anflug von Lachen oder Ironie, als würde sie in Mathematik geprüft, sprach Insa den lapidaren Satz: „Ich wünsche mir die Brille von Dr. Georg Gräfe. Ich habe meine zu Hause vergessen und sehe schon den ganzen Tag fast nichts."

Georg und Insa saßen im Restaurant neben der Kongress-
halle, in der die Vorträge des heutigen Abends stattfinden
sollten. Auf dem Tisch standen gefüllte Teller und Porzellan-
tassen mit heißem Zitronentee. Neben den Flakons mit Öl
und Essig war eine Dose platziert, in der Zahnstocher
steckten. Georg nahm einen heraus, legte sich die Hand vor
den Mund. Er fühlte sich wie ein schillerndes Insekt hinter
Glas, über dem möglicherweise schon der Gitterschatten
einer Fliegenklatsche schwebt, unfähig zu verstehen, warum
es immer wieder anstieß, abglitt, und was es von der Welt da
draußen trennte. Das Bild war ihm vertraut, und er benutzte
es gern, um sich seines Zustandes zu vergewissern. „Insa, der
Kongress war abgesagt. Vertagt um drei Wochen. Wusstest
du das nicht? Du wusstest das doch. Warum hast du mir
nicht…" „Komm, hör auf und erzähl mir von der Party damals, wie war das, wie sah ich aus? Wie sah ich aus mit deiner
Brille? Wie deine alte Kommilitonin Bernadette? Vielleicht
verdienst du dir mit deiner Antwort endlich die Blume von
Hawaii."

„Wie eine Herzkranke sahst du aus. Mit deinem – mit deinem heidelbeerverschmierten Mund, blau auf blau. Blass gewordene Riegel aus Edelmetall waren in die Fensterrahmen von Professor Dietrichs Küche geschraubt, mehr als zehn Jahrzehnte alt. Die hätte ich nur berühren und herumdrehen müssen. Dann wäre viel frische Luft hereingekommen."

„Und? Warum hast du es nicht getan?" Erstaunt blickte Insa Georg in das von seiner Hand halb verdeckte Gesicht. Der Zahnstocher wanderte zwischen den Frontzähnen umher. „Ich hatte keine Nerven, die doppelverglasten Fenster zu öffnen. Der Abend wurde immer unerträglicher. Du hast mir am Schluss deine Wohnungsschlüssel in die Hand geschoben. Nach der Verabschiedung im Hausflur. Dein Rücken, gedrängt in die Rundungen neben der Tür."

Insa inhalierte den Geruch ihres Tees, indem sie die Tasse in beide Hände nahm und die Linie der Dampfschwaden mit der Nase verfolgte. Sie trug inzwischen Kontaktlinsen. „In die

Rundungen neben der Tür? Du hättest noch sagen sollen, blass gewordene Riegel aus Edelmut. Dafür hättest du sicher die Blume von Hawaii bekommen." „Ergonomisch, hatte dein Mund geformt. Die Rundungen sind ja vollkommen ergonomisch, sagtest du, lauter. Spinat dagegen hat die unangenehme Eigenschaft, in den Zähnen hängen zu bleiben."

Insa saß dicht neben ihm auf dem Ledersofa, berührte seine Hüften. Sie führte sich gebeizten Lachs mit pürierten Kartoffeln zu, nippte an dem Tee und inhalierte den Zitrusduft. „Die Kunst der Jahrhundertwende erfand Formen und Linien, die dem Menschen, seiner leiblichen Existenz dienen sollten, Georg. Wir müssen uns den Formen einfach nur opfern. Das meint ergonomisch. Hugo von Hofmannsthal sagte dazu il faut glisser la vie."

„Man muss durchs Leben gleiten?" Der Zahnstocher rutschte aus dem Zwischenraum der Zähne direkt in Georgs Zahnfleisch. Er zog ihn aus dem Mund, das Holz war auf der einen Hälfte rot verfärbt. Er betrachtete es kurz, legte es dann sorgfältig in den Aschenbecher neben die ausgeglühten Zigarettenstummel. Während er, elegant vielleicht, wie ein normaler Mensch, einen Fuß vor den anderen setzte, glitt Insa durchs Leben und stellte ihn bloß. Ihre Finger fuhren über seinen Arm, während sich ihre unteren Flanken tiefer in seine Seite drückten, „Lieber, ist es dir wirklich – ich meine, willst du ernsthaft weiterhin die Nachwelt mit deinem Schriftgebläh über den letzten deutschen Kaiser traktieren?"

Der Koch hatte den Spinat und die Champignons wahrscheinlich noch einmal aufgewärmt, etwas, das man nie tun sollte. Georg wurde leicht übel vom Essen und von der Wärme im Raum. Insa kaute, schluckte und füllte ihren Mund erneut. Wie eine Gans, die gestopft wird, dachte er. Georg erinnerte sich an Insas Körper, an die Brandungen und Stromschläge, die aus den Berührungen mit ihrer Haut in seinem Hirn erwuchsen. Und dann war sie die Treppe hin-unter gelaufen. Sie blieb auf dem Absatz noch einmal stehen, und Georg gab ihr neben den türkisfarbenen Blättern auf dem Fensterglas einen Kuss. Die Blätter sahen aus, als hätte jemand Glasreiniger zerlaufen lassen, Wassersterne erzeugt, mit denen sich Milchiges wieder in Kristall verwandeln ließ. Georg hätte Insas Atemspuren gern mit einem Tuch fortgewischt. Aber als Kind hatte er zu den Jungen gehört, die beim Laufen durch den Schnee im Spätwinter stehen blieben und die Formen der durch das Tauwetter entstandenen Schneespuren betrachteten. Sie sogar neu anordneten. Die sich nicht mit den anderen Kindern die letzten sprühenden Schlachten lieferten. Insa hatte auch den heutigen Abend einfach so, freiwillig, und vielleicht aus Großzügigkeit, an Georg verschenkt. Was verstand sie unter dem *Sich opfern*? Was unter dem *Man muss durchs Leben gleiten*? Als sie ihr Kleid über den hellen Strumpfhosen wieder nach unten zog und den Mantel darüber fallen ließ, erkannte er, was es war.

Eiapopeia

I

Sie hält sich an dem knarrenden Holzgeländer fest und steigt die Treppe nach oben. An den Seiten ist das Geländer mit Mohnblumenschnitzereien übersät. Gerippte Blätter mit Widerhaken, gefächelte Blüten. Sie geht bis in den zweiten Stock. Der zweite Stock ist naturgemäß der schönste, der gesündeste. Alle wohlhabenden Leute ziehen in den lebensfreundlichen zweiten Stock, wenn sich die Möglichkeit bietet. Am Türschild steckt in nüchternen Druckbuchstaben der Name Dr. G. Gräfe. Durch die Milchglasscheiben scheint ein Korridor. Vorsichtig drückt sie die Klingel. Ein schnarrendes Schallecho ertönt. Sofort hört sie jemanden in seinen Schuhen geschlurft kommen, auf sie zu, doch das Schlurfen macht wieder kehrt und verstummt. Ein Knarzen ist auf dem Parkett zu hören, altes Holz, das sich in Hitze ausdehnt und wieder zusammenzieht. Es klingt nach Leben da drinnen. Nach dem Hörrohr am Herzen. Nach dem Fiepen der Lungen, nach dem Gluckern der Därme, dem Blubbern der Fruchtwässer.

II

Weit entfernt davon kreist ein alter Himmelskörper. Kalt und sorglos dreht er sich um sich selbst. Eine Tiefkühlwelt aus Staub und Gestein, jenseits der lebensfreundlichen Zone. Gehüllt in eine dünne Atmosphäre. Niemand empfindet ihn als Belastung, er stört kein Gleichgewicht. Leblose Planeten sind eine Verschwendung an Zeit und Raum, die sich nur das Universum leistet, denkt sie. Die Sonne ist hier nur ein schwach leuchtender Stern und sie wärmt die Oberfläche aus gefrorenem Wasserstoff nicht.

III

Langsam streckt er den kleinen Finger zur Seite. Auf dem Teller Torte mit Schwarzwälder Creme. Creme, die Licht einsaugt, Licht wieder abspiegelt, es von sich stößt. Süße Creme. Creme, die um ihre Kurzlebigkeit nicht weiß, so wie der Esser um seine eigene nicht wissen möchte. Licht, das lange Reisen vorhat, wird vom Sahneweiß in Empfang genommen. Das betört den Esser. Die Knochen in seinen

Fingern sind mobil, lebensfreundlich, halten eine Kuchenga-
bel, sie dehnen und spreizen sich ungesehen, nur die Haut
darüber faltet und strafft sich. „Sie müssen sonntags Torte
essen, Torte mit feiner Creme, die eine glatte Farbe hat,
hellweiß, glacé. In diesen Vorfrühlingstagen, kühl, farblos und
glatt - und ohne Schnee, nur mit verstreuten Frühblühern und
dem Blattkraut aus der Retorte versehen."

Insas Zimmer

„Wir müssen uns dem einfach nur opfern", hat Insa gesagt. Georg raucht schon stundenlang starken Tabak, er hat nicht Nerven, die doppelten Fenster mit den brüchigen Rahmen zu öffnen. Hinter Gardinen aus billigem schwarzem Samt hängt noch die verbrauchte Luft des Vormittags. Wahrscheinlich sogar noch der Mief aus der Kaiserzeit. Er hätte Insas Nerven haben mögen, wenigstens für den Augenblick. Verblichene Riegel aus Messing waren in die Fensterrahmen geschraubt. Die hätte er nur berühren und herumdrehen müssen. Ein Kinderspiel. Ein Spiel hätte das mit Insa werden können. Doch Insa war mit dem Zug aus der Stadt gefahren, hatte ihm noch die Wohnungsschlüssel in die Hand geschoben, die Hausbesitzer gingen bereits schlafen. Insa und Georg waren die letzten Gäste gewesen. Insas Rücken, gedrängt in die Rundung nah der Wohnungstür. Ergonomisch, hatte ihr Mund geformt, halb gequält, halb lustvoll, die Dame mit dem steinernen Herzen.

Georg läuft etwas wie Frost den Rücken hinunter. Das Glas der Fenster ist trüb. Insa hat es wohl noch nie geputzt. Insa macht sich nicht die Mühe, mit einem Glasreiniger Wassersterne auf der Scheibe zu verspritzen. In weniger als einer Stunde wird die Dunkelheit die Fenster langsam und von den Rändern her umschließen, und wenn Georg noch länger hinsieht, wird es ihm scheinen, als saugten die Fenster- scheiben selbst das Dunkel in ihre trübe Verglasung.

Georg schaut nach oben und entdeckt einen Kringel, einen feuchten Fleck an der Decke. Er wendet sich ab und trinkt aus dem Glas die Zitronenlimonade, von der noch eine halbe Flasche voll im Kühlschrank steht. Die Limonade schmeckt schon schal. Georg nimmt das Glas, geht zum Fenster, dreht den zehn Jahrzehnte alten Riegel nach oben. Der überlässt sich der Bewegung seiner Hand leicht. Er kippt den Rest der Limonade in den Hof. Genau wie Dora, denkt er, wie Dora, seine Mutter, die hatte Wein- und Brausereste immer vom Balkon gekippt, auf die Blumenrabatten der Nachbarinnen, und in ihre Zigarettenkippen. Auf eine Puppe im Schlafrock. Oft war Dora so im Rausch, dass die säuerlich riechenden Flüssigkeiten von ihren nackten Füßen abperlten, und sie merkte es nicht. Georg hatte auf die Füße geschaut, deren Zehen sich in der Hitze des Sommers und auf den gesprenkelten Balkonfliesen in einem eigenartigen Tempo bewegten. Das Atmen fiel seinen Lungen zum ersten Mal schwer. Die Füße wurden von unten her kalt. Seine halbnackten Mutter mit den schwarzen Haaren, den schwarzgefärbten Wimpern. Schwarzweiße Konturen. Sie war so jung, kaum fünfundzwanzig, doch Georg konnte ihre Jahre noch nicht zählen. Er sah nur das blanke Gesicht in der Sonne, die zusammengekniffenen Augen, als ob sie nicht richtig sehen konnte, ihre Sonnenbrillen lagen irgendwo in der Kommode im Badezimmer unter Flaschen, Kämmen, Tüchern, Tiegeln und Flakons. Pygmalion hätte ich heißen müssen, denkt er jetzt, dreht eine Postkarte herum, die auf Insas Schreibtisch liegt, die Frau aus Stein vor einem Hintergrund aus Mosaik. Ein unter der Lampe hin- und hergleitender Reflex, ein

Knick. Aufschrift: Denn alle Lust will Ewigkeit, unterstrichen mit Insas Füller. Für Georg klingt der Satz wie aus einem Museum.

Unten ziehen Kinder ihre Schlitten scharfkantig durch den Schnee. In Insas Zimmer wird es kalt. Georg hält noch immer das von der Wärme seines Atems angelaufene Glas in der Hand. Die klebenden Limonadenreste ziehen Spuren in seinen Körper. Draußen auf dem Flur spricht jemand am Telefon, die Mieterin, die hier unterkommt, wenn Insa die Stadt verlässt, mit dem Zug und unbestimmt lange. Vorher küsst Insa ihn anders als sonst, es ist, als rege sich in ihrem Körper irgendeine Erinnerung, ein Streunen, welches das Ende aller Gedanken ist. Wahrscheinlich ist es dieses „gleich werde ich gehen". Und die Lavendelwasserluft auf der Haut im fusselig grauen Schal. Und kurz bevor sie sich herumdreht und die Treppe endgültig hinunterläuft, haucht sie die flüchtigen Gedanken auf eines der türkisblauen Blätter im Fensterglas. In fast stummem Lachen. Das Treppenhauslicht erlischt.

„Wer geht mit mir spazieren, wer traut sich", scheint sie noch zu rufen, dann ist sie fort. Sie macht es wie die Kinder da draußen im Schnee, die sich sprühende Schlachten liefern.

Der Innenhof ist leer. Georg sieht hinunter, die Kälte kriecht ihm unter den Pullover und ins Bewusstsein. Offenes Fensterglas mit Grüßen von Insa. Die Uhr des Kirchturms zeigt immer auf die Zwölf. Immer ist er oben, egal ob die Zeit steht, flieht oder fällt. Wir stürzen von dem Zeiger, der sich weigert, mit unseren Körpern zu gehen, denkt er. Den Satz wird er notieren. Er klappt das Notebook auf und klickt Buchstaben ins Helle.

Insa, mit dir zu leben, wäre wie das Stehen auf dem Zeiger der Kirchturmuhr vor deinem Fenster, die immer auf Zwölf ist. Ich schreibe für heute Abend eine Abhandlung über die Dissonanz zwischen deiner und meiner Zeit, zwischen der Zeit auf dem Kalender, der Zeit auf meinem Bildschirm und der Zeit auf deiner Kirchturmuhr, die steil wie ein Pfeil ist.

Ein Blatt Papier hätte er zerreißen können. So braucht Georg nur ein Tippen mit den Fingerspitzen, um die Zeilen zu löschen. Insas Gedanken sind weiße Atemspuren, die bleiben, bis die Hausbesitzer Glasreiniger darauf zerlaufen lassen und sie mit einem Tuch fort wischen. Georgs Gedanken sind wie Tonscherben, die er von den Fliesen des Balkonbodens aufhebt, die Tonscherben des Blumentopfes, den seine Mutter Dora mit nackten Füßen umgestoßen hatte. Die Kraft der Füße gegen die Masse des Topfes. Ein bedenkliches Ungleichgewicht.

Im Flur auf der Anrichte liegt sein halbfertiges Skript für den Abend. Georg hat hier in der Stadt einen Kreis gefunden, und der verlangt einen klugen Text. Georg hat ihn bereits ausgedruckt. Er muss nur etwas anknüpfen. Er blättert, schiebt zur Seite, markiert. Er fühlt einen beißenden Schmerz auf seinem Handrücken. Vor ihm surrt ein Schatten in einer Ritze im Putz. Er gehört sicher einer gemeinen Stechmücke, die überwintern hier im Warmen, oder sie fallen vom Fenster totenstarr herein, um im Zimmer langsam aufzutauen. Georg geht in das schmale Bad und hält die Hand unter fließend kaltes Wasser. Das Wasser muss durch ein längeres Bleirohr hindurch. Georg geht wieder in den Flur, lässt die Blicke an die Decke gleiten, über die Kabel hin. Da gibt es dicke und feine, brüchige und glänzende, helle und schwarze Kabel, einzeln oder ineinander verflochten, wie Spaghetti in einer Schüssel, weich und zerkocht. Licht müht sich, in all die Weite und Höhe zu leuchten, Licht von nackten Glühbirnen unter schwarzen Lampenschirmen aus Metall – und es trifft die Augen, die der Besucher Georg macht. Insas Wohnung muss von Anfang an mit Elektrizität versorgt gewesen sein, überlegt er. Ein Stucktorso klebt in einer Ecke. „Jedes Ornament ist ein Verbrechen", heißt ein Credo der Bauhaus-Bewegung. Man sollte Insa damit vertraut machen. Und ihre Antwort wäre, „ja, ein Ornament ist ein Verbrechen, Jugendstil aber ist Orgasmus. Und ist daher nichts für Herzkranke." Georg fühlt sich peinlich berührt und der Mückenstich an seiner Hand ist wie ein Wesen, das sich um seine Haut legt.

Er zieht verquollene Laden auf und sucht nach einer Salbe, die Kommoden geben anscheinend ihren Fang nur ungern her. Georg fühlt sich wie eine Puppe auf Insas Hand, sie schlüpft in sein leeres Gewand herein, während sie auf ihrem Zwölfuhr-Zeiger steht. Sie drahtet ihm, sie telegraphiert, sie steht irgendwo in einem Zug, sitzt in einem Restaurant, rupft Haarklemmen aus ihrer Frisur, und mit den Fingern der anderen Hand tippt sie ihre eigene Nummer oder eine Nachricht im Vorbeigehen. Georg hört das Vibrieren, während er raues Papier um seinen Handrücken reibt und die Blicke über die Spaghettikabel gleiten lässt.

„Georg, was macht dein Vortrag? Abstraktion allein überzeugt nicht. Brillanz wollen sie. Hast du meine Mieterin getroffen? Sie hat einen Hut-Tick. Du kümmerst dich um sie, nicht wahr. Ich stehe gerade vor einem Bild, erinnerst du dich an Blau auf Blau? Essen Blau gab's bei Professor Dietrich. Heidelbeerkompott. Ich hatte einen heidelbeerverschmierten Mund...“

Hellrot sind die Lippen hinter Georg unter dem Bogen. Die Frau mit dem Hut-Tick steht dort, ihr Mund öffnet sich, als wollte er reden, tut es nicht. Augen unter einer Krempe umkreisen den Mann, der sich den Telefonhörer ans Ohr geklemmt hat, ab und zu „ja" sagt, und, „Insa, das war so abgesprochen, ich werde das nicht ändern, für deine These gibt es keine Beweise. Die wollen Text von mir, verstehst du, wissenschaftlichen Text, nicht deine halbintellektuelle Windbeutelei." Augen plinkern den Mann an, der da an Insas Anrichte steht, dessen Finger unter dem Druck von Insas Stimme schreiben, an den Rand und in den Text hinein. Dunkelblau zerteilt sich und sagt: „Ich brauche jemanden, der mir die Leiter hält. Du bist Georg, nicht wahr? Die klügsten Männer werden oft die blödesten, wenn sie in Insas Wohnung gefangen sind wie eine Fliege im Sonnentau." Sie hält Georg eine weiße Glaskugel an einem Kabel entgegen, mit beiden Händen. „Die muss an die Decke." Georg sieht Insa, wie sie sich den Mantel zuhält und auf Glasblumen haucht. Georg sieht Doras kalte Füße, die einen Tontopf zum Kippen bringen. Er schiebt sich eine Zigarette zwischen die Lippen, die Fremde reicht ihm ein Streichholz. „Es braucht keine zehn Minuten, um eine Lampe an die Decke zu schrauben, Georg." In einer Stunde wird er am Pult stehen und reden. Die Mundränder der Mieterin stülpen sich nach vorn. „Komisch, das Licht in Insas Zimmern. So stelle ich mir die Reise in einem Unterseeboot vor. In einem uhrenlosen Unterseeboot."

Pyropraxis

Zitternd schiebt sie die Streichholzschachtel auf. Ein langsames, gleitendes Schaben. Die Hölzer sind aus einem Discounter der Innenstadt, dünn, billig und zerbrechlich. Die Spitzen aus rot gefärbtem Phosphor bröseln allmählich, schon in der Schachtel krümeln sie. Eine von den Schachteln ist ihr neulich ins Wasser gefallen, in eine Blumenschale, nach dem Regen - oder sie hat sie einfach vergessen, nach dem spätherbstlichen Rauchen auf dem Balkon, der das ganze Haus umläuft. Jetzt ist es dunkel im Wohnzimmer. Sie ist allein. Sie zittert wieder. Das Holz, das ihre Finger herausgeholt haben, ist besonders schmal und dünn. Gleich könnte es splittern und unbrauchbar sein. Der erste Funke treibt ihren Atem an.

Hier ist viel Sauerstoff in der Luft. Sie reibt noch einmal, und noch ein weiteres Mal. Das Holz hält stand, ein Spiel der Geschicklichkeit. Eine helle Flamme. Kreisende Silvesterräder. Die Spannung ihres Körpers scheint in der Luft zu stehen. Wie ein aufgerufener Schüler sitzt die Flamme stramm am Kerzendocht. Die Spannung in ihrem Körper löst sich. Heiß und hell brennt es.

Notausgang

Alles, was sich bewegt, strickt die Stadt in enge Gamaschen, in Netze, in Kanäle, in Dienstleistungspackungen, in Stillleben. Hin und her köchelt es in ihr.

Sie stak fest in einer Vertikalen, aus der ein Alarm sie heraustrieb, entlang der Horizontalen. Eingeschweißt in Temperaturen, steil oberhalb des Schmelzpunktes von Wasser, des Siedepunktes von Wasserstoff und Helium, der Körpertemperatur von warmblütigen Lebensformen. Feueralarm, Bombenwürfe, Blindgänger. Signifikanten, keine Rauchfahnen, in etwaiger Ferne. Notausgang, gedacht aufs flache Feld, acht Etagen abwärts und in die hölzerne Stube der Bildung gesetzt.

Medusa

Dr. Zimmer hatte mich gebeten, über Janka Bernhardt zu schreiben. „Frau Engel. Sie sind nun schon seit einem Jahr bei uns", sagte er verbindlich, während er mit dem Kugelschreiber auf die Tischplatte tickte. „Ihre Beiträge sind zwar gut recherchiert, aber es dauert mir immer noch zu lange." Seine Hände vollführten hilflose Flugversuche. „Wir bieten Ihnen einen neuen Vertrag an. Sie werden dann ein höheres Zeilenhonorar bekommen. Interessiert Sie das nicht?" Er schob den Vertrag über den Tisch, er glitt hinüber zu dem Stuhl, auf dem ich saß. Ich blickte kurz hinein, die Erhöhung des Honorars war so bemessen, dass ich mir einen Friseurbesuch würde leisten können. Nun sollte ich die Artikelserie über zeitgenössische Autoren mit einer halben Seite über Janka Bernhardt füllen. Drei andere Kollegen hatten sich auf der letzten Konferenz hervorgetan und ihre Pläne erläutert. Ich hatte schon nach kurzer Zeit nicht mehr zugehört. Dr. Zimmer sah mich erwartungsvoll an. „Nun?" Die Tür öffnete sich geräuschlos und die Koreanerin aus der Redaktion stellte eine Thermoskanne auf den Tisch. Ihr Zopf baumelte vor meiner Nase. Dann goss sie den Earl Grey-Tee vor Dr. Zimmer in eine weiße Steinguttasse, die vermutlich ein Serienprodukt aus der Großküche war. Der Lack auf der Tasse schimmerte so transparent, dass ihr etwas Erhabenes anhaftete. Dr. Zimmer hob die Tasse an den Mund und trank in kleinen, schlürfenden Schlucken. Immer wieder setzte er die Tasse ab, um sie dann erneut an den Mund zu führen. Ich saß mit gesenktem Kopf auf meinem Stuhl und blickte unkonzentriert auf die Kunststoffbeschichtung der Tischplatte. „Warum soll gerade ich über Janka Bernhardt schreiben", hörte ich mich fragen, „ich beschäftige mich doch gar nicht mit dieser Art Literatur." Es war zu spät, ich hatte genau den falschen Satz gesagt. Jetzt würde er mir den Vertrag sanft aus den Händen nehmen und ihn gleich wieder in seiner Ablage verschwinden lassen. Meinen Namen würde er durchstreichen. Die Stille, die folgte, war quälend. Hier war es stickig und viel zu warm, aber niemand außer mir schien es zu merken. Das Büro lag im achten Stock, das Gebäude war ein Würfel neben der Stadtautobahn. Der Raum war abgedunkelt, die Koreanerin hatte die fliegengewichtigen Silberrollos heruntergelassen, weil Dr. Zimmer keine Sonne vertrug. Sein Gesicht war hager, fast fleischlos und hatte die Farbe eines Leichentuches, selbst im Sommer war sein konturloser Körper in ein dunkelblaues Jackett gehüllt. Das Jackett bauschte sich über der Stuhllehne, als Dr. Zimmer den Arm hob und die Tasse abermals an den Mund führte, leise schlürfte und mich nachdenklich ansah. „Ach, ich denke, Sie machen das schon. Lassen Sie sich von Herrn Günther die vorbereitete Akte geben. Sie kennen ja die Vorankündigung. Sie haben noch genügend Zeit, die Serie beginnt erst im Oktober."

Janka Bernhardt passierte den Eingang der Bahnhofshalle, sie zog einen lächerlich kleinen Koffer aus Kunststoff hinter sich her. Ich war ihr gefolgt, sie war mit der Straßenbahn gefahren und unter der Bahnbrücke ausgestiegen. Unter der Brücke, über der die Züge hinrauschten. In dem grauen Schlauch, wo die Straßenbahnen und Busse hielten. Die Unterführung war erst kürzlich umgebaut worden, die Straße glänzte frisch, schnell und ruhelos. Autos rasten unter der Brücke hindurch. Janka Bernhardt mochte die geraden Straßen, die ins Nirgendwo zu führen schienen. Auf denen man sich so eilig bewegte. Sie ging zu Fuß. Sie schweifte auf das alte Bahnhofsgebäude mit dem Freiheitsengel an der Dachspitze zu. Die braun gelackte Eingangstür am Seitenflügel des Bahnhofsgebäudes hatte nichts von der Leichtigkeit moderner Glastüren und quietschte, als Janka Bernhardt sie aufschob und an gierig schauenden Alt-Männer-Barden mit räudigen Hunden vorbei ging. Dann stand sie in der Halle. Ich dicht hinter ihr. Sie ging noch etwas tiefer in das Gebäude hinein, ließ den Blick an den Stahlträgern empor schweifen und blieb dann scheinbar völlig unmotiviert stehen. Sie stellte den Koffer ab und wartete. Möglicherweise verreiste sie, weil sie auf Spannung in einem fremden Hotel hoffte. Danach würde sie es in ihren Erzählungen verarbeiten. Aber wahrscheinlicher war, dass sie zu ihrer Mutter fuhr. Ich schaute sie mir genauer an. Sie hatte magere Schultern und kleine Füße. Ihr Hintern war rundlich, die Schenkel malten sich unter der schwarzen Hose ab. Ihr Unterleib glich einem Fischschwanz. Vielleicht hungerte sie, lebte tagelang nur von Joghurt und Hüttenkäse. Ihr aschblonder Pagenkopf glänzte frisch gewaschen und geschnitten, der Friseurtermin vor einer Reise war obligatorisch für jemanden wie sie. Wahrscheinlich hing in ihrem Bad ein Handspiegel oder sie besaß einen dreiteiligen Spiegelschrank, damit sie sich auch von hinten betrachten konnte. So wusste sie, dass sie einen schönen Hinterkopf besaß. Janka Bernhardt war eitel, man konnte es in ihren Texten lesen. Darin war ich geübt, ich zählte die Worte, die sie häufig verwendete. Bilder und Metaphern, die sich wiederholten. Ich hatte Dr. Zimmer belogen, ich hatte ihre Erzählungen gelesen – mehrmals. Ich führte sogar Buch über die Kontexte, in denen die häufig verwendeten Worte vorkamen und machte mir Notizen wie ein Arzt, der Messungen vornimmt, Statistiken erstellt und am Ende seine

Diagnose zementiert. Ich fühlte mich gut. Solange ich sie nicht ansprechen musste, war alles gut. Ich konnte sie beobachten und ihr Verhalten mit den Texten abgleichen. Janka Bernhardt trug einen taillierten, meergrünen Blazer mit riesigen Knöpfen, der ihr fast bis zu den Knien reichte. Es war ein Kleidungstück, das jemand aus zweiter Hand kaufte. Jemand, der besondere Kleidung liebte, aber nicht das Geld für wirklich teure Sachen hatte. Falls Janka Bernhardts literarische Erfolge bestand hatten, würde sie bald in Kleidern von Dior oder Yves Saint Laurent zu ihren Lesungen erscheinen, dessen war ich mir sicher. Vorerst war es noch nicht soweit. Sie hatte zwar einen Band mit Erzählungen veröffentlicht, aber Reichtümer waren damit nicht zu gewinnen. Sicher jobbte sie zum Überleben in irgendeinem Großraumbüro. Ich lächelte ein wenig schadenfroh. Im selben Moment wandte Janka Bernhardt sich um, wahrscheinlich fühlte sie sich beobachtet. Feine elektrostatische Stiche spürte sie dabei im Rücken. Sie bog die Schulterblätter ein wenig nach hinten, um größer zu erscheinen. Ihr weicher

Körper wurde starr, sie wandte den Kopf wieder nach vorn, denn da war niemand. Dann drehte sie sich noch einmal um. Ich begann, fahrig über die Zeitungen in dem drehbaren Drahtständer zu streichen. Janka Bernhardt war ein paar Schritte weiter gegangen und stand wie angewurzelt am Fahrplan. Sie drückte ihren Zeigefinger auf das Plastik, hinter dem der gelbe Plan mit den schwarzen Lettern und Zahlen hing. So, als wollte sie sich davon überzeugen, dass die Abfahrtzeit ihres Zuges stimmte. Janka Bernhardt ließ die Hand plötzlich sinken, sie verschwand aus dem Lichtviereck. Sie zog ein Notizbuch aus ihrer Handtasche, sah kurz hinein – verglich sie die Zeiten oder war es ein Spiel, um mich zu necken? Ach was – sie wusste ja gar nichts von meiner Existenz. Mehr als ein Jahr arbeitete ich nun schon für die Redaktion – und noch immer hatte ich diese Raffinessen nicht drauf. Ich sah im Geist Dr. Zimmer tadelnd den Finger heben und seinen Mund verständnislos auf und zu klappen. Vielleicht war ich zu schamhaft, um mit Menschen wie Janka Bernhardt angemessen umzugehen. Manche hielten sie sogar für arrogant, weil sie bestimmte Fragen gar nicht oder viel zu langsam mit komplizierten Fremdworten beantwortete. Immerhin hatte ich herausgefunden, dass sie einige Semester studiert hatte und schließlich an Nietzsches Kulturkritik gescheitert war. Nächtelang habe sie heulend im Bett gelegen, halbleere, beschlagene Rotweingläser und volle Aschenbecher angestarrt, morgens um sieben ihre Eltern angerufen und sie gebeten, nach Hause kommen zu dürfen, weil sie das alles zwar empfand, aber nicht verstand und schon gar nicht vor ihren Kommilitonen in Worte kleiden konnte. Also lebte sie nach Nietzsche, las ihn heimlich und subjektiv und ging nur noch selten in die Vorlesungssäle und Seminarräume, deren Kargheit und stickige Luft sie nicht gut ertrug. All das wusste ich nicht von ihr selbst, ich hatte es im Interview einer Lokalzeitung nachgelesen, den Artikel ausgeschnitten und fein säuberlich abgeheftet. Manches hatte ich mir ausgemalt, ich würde sie irgendwann danach fragen. Meine Akte zu Janka Bernhardt war noch mager – viel zu mager für Dr. Zimmer. Ein Schatten glitt über Janka Bernhardt hinweg, sie verscheuchte ihn wie eine Mücke. Etwas Schwarzes bewegte sich auf ihrem Blazer, sie zuckte für einen Moment zusammen, ein ungeheures Insekt tastete sich da zitternd vorwärts. Es war ein Kugelschreiber, der aus ihrer Jackentasche gerutscht war und jetzt auf den Steinplatten aufschlug. Sie bückte sich und hob ihn auf, setzte sich auf eine freie Wartebank und begann, in ihr Notizbuch zu schreiben.

Im U-Bahnschacht blaues Glimmen. Eine Menschenhorde, eine ganze Serie einfältig geradeaus starrender Individuen, die aus einer Retorte geschlüpft zu sein schienen, fuhr in die Tiefen des Schachtes hinein. Stumm, wie tot, aneinander gekettet. Er trat mit dem linken Fuß auf die Rolltreppe, gerade noch rechtzeitig konnte er kehrtmachen und sich von einem Uniformierten warnen lassen. Es roch nach schwärendem Plastik, das blaue Glimmen wurde stärker. Er begann zu rennen, er rannte um sein Leben, er rannte aus dem Schacht, auf die Straße, immer weiter, in die Stadt hinein, in die Einkaufszone, hinter die Glasbauten, an die grellbunten Schaufenster gepresst. Klapprige Busse bremsten, er wollte nicht einsteigen. Er hörte schrille Schreie, sie klangen nicht wie die von Menschen, und eine ungeheure Detonation erschütterte seine Fußsohlen. Er schloss die Augen, krallte sich an einer Straßenlaterne fest. Eine punktierte Linie lief über die Leuchtreklame auf dem schiefen Glasdach vor ihm. Seitenumbruch.

Janka Bernhardt stand von der kalten, mit Graffiti besprühten Wartebank auf, steckte den Kugelschreiber in die Jackentasche, stopfte hastig das Papier in den Plastikkoffer. Neben ihr hatte die ganze Zeit ein käsiger, grauäugiger Junge gesessen, der ununterbrochen mit einem winzigen Ball auf den Boden tickte, ihn wieder aufnahm, in die Luft warf, ihn fing. Janka Bernhardt hatte krumm, mit vorgebeugtem Rücken auf ihrem Platz gesessen, und wie blind vor sich hin gekritzelt. Etwas, das ich in ihrem Blick vermutete, nur vermutete, weil sie ihn auf ihr Notizheft und in den Steinboden gesenkt hatte, irritierte mich. Mein Magen zog sich zusammen. Der Boden unter Janka Bernhardts Füßen erschien mir blauschwarz, während sie schrieb – nun war er wieder normal steingrau. Ich musste mich in Acht nehmen,

vielleicht wurde man ein bisschen seltsam in ihrer Gegenwart.
Dr. Zimmer war mittags in meinem Büro erschienen, als ich
gerade ein Telefonat ohne Ergebnis beendete und der Hörer
die Gabel berührte. Sein Mund hing schief über den
Hamsterzähnen, seine Augen schauten milde und wachsam.
Eine Mildheit, die der Auftakt zu leisen Hässlichkeiten war,
freundlich vorgebracht und dennoch treffend. „Wir können
auch Verträge auflösen", hörte ich es in meinen Ohren hallen.
Dr. Zimmer blinzelte hinter der Stechpalme hervor.
„Kommen Sie doch bitte nach Redaktionsschluss in mein
Büro. Frau Mei wird Tee für uns kochen." Ich zuckte
innerlich zusammen. Es war soweit. Es war keine normale
Nettigkeit, eine Kollegialität zwischen Chef und Angestellter,
es war der human eingefädelte ernste Termin, bei dem ich
wohl gefeuert würde. Fünf Minuten vor dem Termin war
dann der Bildschirm erloschen, ohne dass ich meinen Text
beenden konnte. Dr. Zimmer hatte eine Demonstration am
Bildschirm vorbereitet, der war nun schwarz. Vielleicht war
sie ja daran schuld, sie, die Geschichten schrieb und Löcher in

den Boden glotzte. *Die drei Frauen zerrten ihre rot gemalten Münder aufwärts. Auslachen...* Ich ging zum Arbeitsplatz meiner Kollegin hinüber, deren Computer noch eingeschaltet war. Ich wechselte ins Internet und tippte den Begriff Medusa ein.

Ursprünglich war Medusa schön. Als Athene sie jedoch bei einer Buhl-schaft mit Poseidon in einem ihrer Tempel überraschte, verwandelte sie sich erzürnt in jene Gestalt, als die sie gefürchtet war: ein geflügeltes Ungeheuer mit Schlangenhaaren, langen Eckzähnen, einem Schuppen-panzer, glühenden Augen und heraushängender Zunge. Der Blick der Medusa ließ als Schutz gegen Feinde, die sie ihrer Sterblichkeit wegen hätten töten können, jeden sofort zu Stein erstarren.

Medusa verstand nichts von den Sorgen anderer, sie ignorierte sie, obwohl sie sich mit ihrem Leben ihre Existenz verdiente. Im Moment noch verdiente. Noch war sie die Diva, die Königin, und ich das hässliche Entlein, das nun verkümmern würde. Lesereisen in Frack und Fuchsstola, alt und verfilzt bei näherem Hinsehen. Tagelang im Licht des

Bildschirms in ihrer Wohnung eingeschlossen, in ferne Welten getaucht. Sie ging dann nicht einmal mehr zum Briefkasten, denn sie fürchtete die Post von den Ämtern. Janka, du schöne Medusa. Dreh' dich ruhig herum, ich weiß, was du in deinem Blick herumträgst. Aus deinen Augen wird leuchten das Nichts, die Auflösung. Nur deshalb läufst du so schnell. Du kannst nicht stehen bleiben.

Nicht ich – du würdest erstarren, sobald du langsamer zu gehen versuchtest und dich herumdrehtest. Hab keine Angst, dann werde ich dich retten. Ich werde deinen erstarrten Körper mit mir nehmen. Dann stehst du in meinem Arbeitszimmer, und selbst Dr. Zimmer wird über die Trophäe lächeln, hinter der grünen, von der Frühlingssonne erwärmten Stechpalme. „Janka Bernhardt. Sie hat gerade einen Förderpreis bekommen. Man muss sich schon wundern, was unter dem Label ‚anspruchsvolle Literatur' so veröffentlicht wird. Ein schöner Kopf ist nicht alles."

Ich schnellte aus den Gedanken, als die Anzeige auf der Tafel wechselte. Der Bahnsteig vor mir hatte sich geleert, der Zug hatte vor einigen Minuten den Bahnhof verlassen. Neben meinem Fuß stand der Kunststoffkoffer von Janka Bernhardt.

Stubengelehrte

Auch für eine Dame in reiferem Alter mit viel Interesse an
Fiktionen und elektronischen Applikationen gibt es Momente,
da sie nach Tagen des orientierungslosen Herumtapsens in
der eigenen Wohnung wieder Licht in die Verhältnisse bringt.
Sie steht zeitiger auf, denn naturbedingt wird es etwas früher
hell als noch vor einigen Wochen. Trübes, aber für die
Zapfen und Stäbe ihrer Netzhaut ausreichendes Tageslicht
zeigt ihr Hausstaub auf allen Ebenen der Einrichtung. Nein,
sie wird jetzt nicht den Staubsauger herbeiholen. Sie zieht sich
etwas an, macht sich sozusagen straff, und verlässt unter
Auffahren von Wollmäusen das Haus. Dort, im nächsten
Discounter warten die Gewächshaustulpen. Sie wissen schon,
die mit den Stängeln, die in der Vase immer länger werden.
Sie holt sie rasch heran und zahlt sie mit dem von ihr
er-wirtschafteten Geld. Zügig geht sie in die Stube, schaut in
Ecken, wo sich neben liegengebliebenen Wollmäusen bereits
Türme von Porzellan- und Vielfarb-Glasvasen aufgestellt

haben. Sie wickelt die Tulpen aus und schnippelt. Am Ende der Prozedur steht die Frische nicht nur im eigenen Heim über dem Boden, sondern auch im Gesicht der umtriebigen Dame.

Subfebril

Was nun? Ein paar Abende hatte ich im Haus verbracht, jetzt stand ich auf dem weiß gekachelten Flur der Heilanstalt, ein Kind mit Zöpfen, falschen Erwachsenenhandschuhen und rutschenden Söckchen. Adressen vergisst man nicht. Sogar Gedichte hatte ich in meine Tasche geschoben. Ein Handgepäck, innen verstärkt für fragiles Transportgut. Komm in den totgesagten Park und schau... Umkehren war feige und galt nicht. Gleich würde ich in normalem Tempo an die Rezeption gehen und um einen Termin bei Dr. Malot bitten. Ein Schamgefühl lähmte meine Zunge. Schwarzer Pelz. Normale Menschen sind hier ausverkauft. Dr. Malot hatte in meinem Fall von einer Vernagelung mit pathologischer Tendenz in der inneren Beziehung zur äußeren Welt gesprochen. Medizinischer Fachjargon. „Begriffen, eindeutig", fragte er, zweideutig klang es. Ich nickte höflich und bot meine Hilfe an, als mich Dr. Malot nach einer ersten Untersuchung bat, die Glühbirne in der Wandleuchte auszuwechseln. Einweisung.

Mittags kam mir Dr. Malot auf dem Korridor entgegen. Er forderte mich auf, ihm Gesellschaft zu leisten. Im Sprechzimmer bot er mir einen Sessel an, in dessen Mulde man so bequem saß wie auf einer Folterbank. Dr. Malot fing ohne Überleitung von meinem Krankheitsbild an. „Wissen Sie", sagte er, während er sich eine Zigarette ansteckte, Sie sind wirklich ein medizinischer Sonderfall. Eigentlich gehören Sie ins neunzehnte – allerhöchstens ins frühe zwanzigste Jahrhundert. Was machen Sie eigentlich, wenn Sie nicht ruhen müssen, wer vertreibt Ihnen die Zeit? Wovon bezahlen Sie die Extra-Honorare an Ihren Psychiater? Verzeihen Sie, ich wollte Sie nicht kränken, Frau ... wie heißen Sie noch mal?" Ich sagte ihm kurz meinen Namen und täuschte Gleichmut vor, indem ich verfolgte, wie der Rauch seiner Zigarette langsam an die Decke stieg. Dr. Malot verstand. „Nun, Sie haben ja immer noch die Wahl, sich zu trennen. Davon. Oder stehen Sie dem derart nahe, dass es Sie ... na, sagen wir mal, eine Überwindung, ich meine, eine Selbstüberwindung kosten würde, es uns oder sich selbst zu überlassen?" Die Folterbank wurde bequemer. „Ich, also die Ärzteschaft und auch das Pflegepersonal sind Ihnen äußerst zugetan. Hören Sie zu. Sie glauben, ein Opfer zu sein. Ein Opfer Ihrer Krankheit, deren Sinn und Inhalt Sie nicht verstanden haben. Es gibt leider auch keine deutsche Bezeichnung dafür, sonst würde ich Sie Ihnen nennen. Doch darüber mögen andere urteilen." Ich war schamrot geworden. Der Arzt war ja noch schlimmer als der vorherige, der die Dinge wenigstens taktvoll in die Schwebe brachte. Und nun forderte er mich allen Ernstes auf, den Begriff zu nennen. Ich nahm ein weißes Blatt Papier von Dr. Malots Schreibtisch und malte ein Haus darauf, das zunächst wie ein Buchstabe aussah, und am Ende nur noch eine wirre Linie war.

Dr. Malot nickte zufrieden und nahm das Blatt an sich. Ich sah an mir herunter. Ich trug eine Satinhose mit weiten Beinen, die enger fielen, sobald man aufstand. „Ist Ihnen langweilig? Nun, in Ordnung." Dr. Malot legte die Stirn in Falten. „Ich erinnere mich – ja, letzten Freitag, da hatten Sie

Ausgang, und wir gingen zusammen in das Café am Opern-
platz. Sie besuchen ausgewählte Cafés. Nun, ich habe mich
daran gehalten.

Einer von denen, die sie ihre Freunde nennen, ich glaube, es
war der Dichter Stefan George, raucht. Also hatte ich
französische Zigaretten besorgen lassen. Wie wir so saßen
und plauderten – wissen Sie, ich habe selten ein so anregendes
Gespräch geführt, dachte ich, du bist zwar der Arzt, aber von
vielem, was deine Patienten erzählen, verstehst du nichts. Wir
Ärzte sind Amputierte. Uns fehlt ein wesentliches Organ.
Unsere Nerven sind zu abgestumpft – oder vielleicht besitzen
wir gar keine. Oder zumindest nicht solche." Ich sah Dr.
Malot mit meinem kühlen Märchenblick an. Er stand auf. Wir
gingen in den steril glänzenden Flur. Es fiel mir schwer, mit
Dr. Malot Schritt zu halten. Da jedoch mein inneres Tempo
auf Hochtouren lief, stellte mein Mund Dr. Malot unaufhörlich Fragen. Er kam tatsächlich hier und da in Erklärungs-
nöte. „Sie sind ein intelligentes Frauenzimmer, trotz allem,

das muss man Ihnen lassen. Meine Erfahrung mit Frauen beschränkt sich auf – bitte verzeihen Sie mir das Wort – Kuriositäten, ja, ich sammle Kuriositäten ... wähle meine weiblichen Bekanntschaften nach dem Grad ihrer Verrückt... äh, ihrer Abweichung von der Norm..." Dr. Malot verwirrte sich, schluckte ein paarmal und fand dann zu seiner alten Haltung zurück. „Hören Sie. Sie sind zu klug, als dass Sie meine Befremdung nicht verstehen. Sie sind so etwas wie ein Rubin, ein Aquamarin in meinem Frauenkabinett ... Sie sind ein ..." „Werden Sie nicht so poetisch, Herr Dr. Malot. Ich habe ein ganzes Männerkabinett in meinem Wandschrank, falls Sie das interessiert. Postkarten von toten Dichtern und noch von anderen Künstlern. Und den Aquamarin trage ich an meiner linken Hand." Ich hielt Dr. Malot die Hand entgegen. Der Sein leuchtete hell. Wie Wasser. „Sie tragen einen Aquamarin? Merkwürdig, dass mir das erst jetzt auffällt, wo Sie es sagen." Wir waren eine ganze Weile den Gang entlang gelaufen, ohne irgendwo anzukommen, wahrscheinlich hatten wir einen Umweg gemacht. Dr. Malot schnaufte.

Der Korridor bog jetzt wieder seitwärts ab und es schien mir, als seien wir hier vollkommen falsch. Aber ich vertraute mich Dr. Malots Führung an. Sein scheinbares Interesse zeigte Symptome einer inneren Angespanntheit. „Dies ist ein ordentliches Hospital, ja ein ordentliches." Wir waren stehengeblieben und lehnten jetzt unter einem hohen Bogenfenster. Dahinter ein Garten, in dem Patienten ihre Runden drehen durften. Wie Versuchsmäuse im Käfig, wie Spaziergänger ohne Ziel. Wie Lustwandler. Ich spürte, dass mein Mundwerk mir nicht mehr gehorchte. Deshalb überließ ich Dr. Malot das Wort und starrte nur unbewegt auf seinen weißen Kittel. Ein Chefarzt in guter Position trifft sich mit einer snobistischen Kranken, die über körperliche Affekte, die zur Natur des Menschen – besser des Menschentieres – gehören, so spricht, als seien sie etwas Einzigartiges. Etwas nur ihr Gehörendes. „Herr Dr. Malot, kommen Sie bitte zum Kern der Sache, wir erreichen gleich die Liegehalle. Sie gehen zu schnell. Dreimal habe ich im letzten Winter die Grippe gehabt. Der Maler links oben in meinem Wandschrank malt nämlich Akte von mir.

Er wechselt immer gleich die Kleider und signiert die Bilder, auch wenn sie noch feucht sind. Dann hängt er sie ins Licht. Außer mir malt er kaum jemanden, da niemand bereitwillig für 'nen Appel und 'n Ei eine Lungenentzündung riskiert. Deshalb sagt er zu mir: das Licht ist dein. Ich weiß, das klingt pathetisch. Und Kleider zum Anziehen habe ich keine." Dr. Malot kramte in seinem Kittel. „Hier haben Sie ein wirksames Grippemittel, für den nächsten Winter." Ich steckte es ein. Mit einem Mal standen wir in einer Halle, die heller war, als ich sie in Erinnerung hatte. Vielleicht war es auch nicht dieselbe. Einige Kranke lungerten faul in ihren Sesseln, lasen in Magazinen und hofften auf Genesung. Als sie Dr. Malot erblickten, grüßten sie verhalten. Der übertriebene Respekt vor Ärzten war ihnen mit der Muttermilch eingeflößt worden. Ich stand vor einer dreiflügeligen Glastür, über der das kaum noch lesbare Schild Liegehalle etwas schief in deutscher Schrift angebracht war. Dr. Malot drückte die Klinke. Das Kind mit Zöpfen und den rutschenden Söckchen folgte ihm. Die Handschuhe hatte ich mir heruntergezogen.

Paare

Die Eizellen springen Dreiecke, stehen Schlange, knicksen. Sie will tanzen. Da ist er, der dunkel gekleidete Widerstand. Ein Statist. Ein schwerer Männerkörper. Unter freiem Himmel ist seine Schwere, der Widerstand die Antwort auf den Jasminduft, der ihr entsteigt. Hier drinnen bremst er ihre Schritte, das schwarze Enge klebt ihr an Armen und Beinen. Hochgeschlossen, immer und immer mit Niveau kommt er an. Er tritt nicht daneben, nicht zurück. Ein Schlurfen. Wie damals, als er vor ihr ging. Am Maitag. Verschnitten die Blumen, die Tischdecke mit Grauschleiern, die ihre Augen auch aus den Winkeln nicht durchschauen. Sie erinnert sich an ein Schriftstellerpaar im Exil vor dem zweiten Weltkrieg. Der alkoholkranke Dichter Joseph Roth und die junge Diva Irmgard Keun, die mit dem Kunstseidenen Mädchen erfolgreich war. Roths erste Frau starb in der Psychiatrie, das lag, als Keun und Roth sich 1938 in Ostende trafen, schon lange zurück. „Er hatte nachts die Finger in meinen Haaren vergraben, weil er fürchtete, ich könnte ihn verlassen", wird die Keun später zu den jungen Biographinnen sagen.

Die Spitzen ihrer Zehen bewegen sich dorthin, wo sie wieder eingefangen werden. Er ist zu schwer für den Tanz. Mit Keulen schwingen wäre vielleicht seine Sache, der ewige Schulsport. Aber er kann besser rechnen, Dinge begreifen, die sie nicht einmal einsieht. Schachspiele auf der schwierigsten Stufe enttäuschen ihn wahrscheinlich, weil sie so leicht zu durchschauen sind. Aber Mathe ist ein Arschloch, weiß sie seit neulich, das stand auf einer Postkarte, die sie beim Einkauf sah und ihrer Nichte schenkte. Das Foto eines vielleicht neunjährigen Mädchens, das den Mittelfinger zeigt. Wäre das Mädchen seine Tochter, er würde ihr eine Digital-uhr schenken, damit sie die reine Logik der Zahl erspüren kann. Ex umbra in solem, aus dem Dunkel ins Licht.

Maitag in Technicolor

Sie trug unmögliche Hüte. Von anderen geformte. Am Mittag.
Am Maitag. Intim mit der in den Gläsern zerstreuten Sonne,
drehbar im stehenden Jetzt. Sie trügen sie so gut über die
Dinge hinweg, diese Hüte, weit hinein in die Droge
Frühlingsgrün. Boa mit grellroten Federn wirft sie ab,
schüttelt sie von sich. Nelke von damals am Kleid. Schwarze
Schatten darüber. Von ihm. Fehlt die Sonne, beachtet mich
niemand. Fadendünne Schleppen, Knäufe am Sonnenschirm,
in Weiß, mit Rußpartikeln. Und die Schuhspitzen, Metall-
schnallen, Legierung, mit Pferdekot bespritzt, das wünschte er
sich, nach dem Maitag, an dem es nicht regnete. Silbern war
sein Haar unterdessen. Seine Körperfülle angewachsen, ein zu
besteigender Berg, seine Gestalt eine, die flüchtige Frauen
kehrtmachen, noch immer anhalten hieß. Siehe, solch
schreckliche Hüte. Schlage sie ein in deinen Blick, silbergrau.
Schlage sie ein, in Pergamentpapier, das knistert, in dauerhaft
gedämpftes Licht. Die Finger bewegen den Auslöser. Ich rate

Ihnen zu dieser Uhr. Auf das Zifferblatt schaust du. Hora ruit
– die Stunde enteilt, die Zeiger schillern.

Die Zeiger stehen. Die Ziffern klicken, bedächtig. Sie trägt
Hüte. Du silbergrau. Halterung des Lichts. Bringst sie zum
Stehen. Von diesen Stunden ist eine für dich. Wir atmen nur
Blütenstaub. Sind keine Pferde. Die durchgehen. Wo der
Schleier sich legt über das, was ausgestreut wird. Wir sehen
nicht die Farben. Nur die Reflexe. Aber meinst du. Zu sehen,
die sich sonnen. Allwissend zu sein. Die Parade ihrer Hufe,
ihrer roten Federn wirst du zum Stehen bringen. Ihre flucht-
losen Schritte. Ihre unmöglichen Hüte. Und klick mich hinauf
auf gewienerte Stufen, eisglatt. Steinsteil. Die Stunde enteilt.
Steil tickt die Zeit, dir nachgehend, empor.

Prince Charming

Er hieß Nicolas Verve. Ich hatte seinen Namen verkehrt und Louise tat ein paar Buchstaben dazu. Einige hatte ich weggelassen, andere waren nur klangliche Ähnlichkeiten. So wollte es mein persönliches Gesetz.

Es gab einen Raum, eine Wohnung, in der ich Louise wiedertraf. Ich hörte ihre Stimme. „Du hast ihm Briefe geschrieben, stapelweise, und willst nun soweit gehen?" Sie nannte mich eine Stalkerin. Ich führte das Glas zum Mund und schluckte den letzten Rest Apfelsaft hinunter. Etwas stieß gegen das Glas, als ich es absetzte, oder es war das Klingeln der Türglocke. Louise erhob sich und öffnete. Ich war zu kurzsichtig, um ein Gesicht zu erkennen, fühlte mich zu taub, um Worte zu hören. Ich sah nur Konturen, vermutete, dass da jemand einen Trenchcoat trug, hellhäutig und groß gewachsen war. Seine Stimme war leise, heiser, vielleicht reichte er Louise etwas, das wie ein Umschlag aussah. Sie schloss die Tür und

kam zurück zu mir in die Küche. „Schade, dass du deine
Kontaktlinsen nicht auf hattest." Ich ging aus der Küche. Der
Messinggriff der Eingangstür war verschwommen, die Augen
nutzlos geöffnet. Ich tastete mich durch den Flur, ins
Treppenhaus, an der Wand entlang. Die Türen standen offen,
ihre Konturen verwuschen sich.

Der Tag, an dem das mit Nicolas Verve begann, war kein
Schultag. Es war sein Auftritt in der nächstgrößeren Stadt, es
waren seine Anzüge, die silbrig und dunkelblau im Schein-
werferlicht leuchteten, eckige Schatten warfen. Es war das
Versprechen, dass hinter dem Nieselregen der Provinz ein
Gefühl begann, das ich so oft, wie ich wollte, in mich auf-
saugen konnte, ohne je betrunken zu werden. Dachte ich.
Wodka-Orange. Danach war ich tough, so drückte Louise es
aus. Nicolas Verve war wie eine glasklare Flüssigkeit, von der
ich letztlich doch betrunken wurde.

Die Schulglocke schrillte. Der Lehrer in der Deutschstunde hatte den Taugenichts behandelt. Ich knickte das Blatt mit den Aufzeichnungen in der folgenden Stunde um und schrieb auf der Rückseite weiter. *Nicolas, my love, hardly a day goes by without me thinking of you. But what, oh hell, can I ever expect.*

Frau Dr. Libowitz kam an meinen Platz, nahm mir das Geschriebene aus der Hand und las es der Klasse vor. Die lachte. Dann gab sie mir 14 Punkte und die Klasse lachte nicht mehr. Nur Louise. „Nicolas Verve, der Typ mit der schleimigsten Frisur aller Zeiten." Sein Name stand auf dem Umschlag, der in meiner Tasche steckte. Ich trug den Brief zur Post, ließ ihn fachgerecht frankieren und abstempeln.

Wenn wir jetzt gegen elf Uhr am Vormittag nebeneinander auf unseren Plätzen saßen, Herr Lohmeyer im beigen Anzug über mathematische Gleichungen sprach, das klobige Geo-Dreieck in der Linken, das dünne Stück Kreide in der Rechten, wanderte mein Blick über Lohmeyers Person

hinweg aus dem Fenster hin zur Ampel, wo ein Oberstufen-
schüler mit Aktentasche, Ledermantel und geföhnten Haaren
lässig, ja, cool und lässig, wie Louise sagte, federnden
Schrittes die Straße überquerte. Die Ampel stand auf Rot,
selten fuhr ein Auto vorbei. In der Fußgängerzone standen sie
dann in muffigen Plattenläden herum und tauschten die
neuesten Scheiben aus, oder sie tranken Cappuccino aus
kleinen Tassen, manche mit abgespreiztem Finger, selbst-
gedrehte Zigaretten rauchend. „In einem Jahr, wenn wir in
der Elften sind, dürfen wir das auch." „Ja. Nur dafür musst
du erst mal erwachsen werden." Louise zog einen wasserfesten Stift aus ihrer Federtasche, schrieb meinen Namen
unter den meines Schwarmes und malte ein Herz darum,
malte es auf den Schultisch, auf dem die alten Inschriften
schon wieder verblassten.

Die Zeit zog sich zusammen wie ein Ballon in einem Stick-
stoffbad und zersprang, gezählte, in Stücke geschnittene
Schuljahre. Da saß Frau Dr. Libowitz hinter den Fenstern

und dozierte über Hamlet oder die Sonette Shakespeares. Da stand Herr Lohmeyer in seinem senfgelben Anzug, den er wöchentlich gegen einen khakigrünen, dann gegen den beigen austauschte. Nur einmal hatte er einen dunkelblauen Pullover getragen. Die blassgelbe Sonnenscheibe saß hinter kahlen und farblosen Zweigen vor den Fenstern. Ich rannte die Kilometer aus dem Schulhaus, bürstete die gebleichten Haare auf zu einem Wald, beobachtete ihr langsames Zusammenfallen. Griff zur Feder und schrieb Briefe. Sie wurden verschickt. Blieben unbeantwortet. Solange, bis alle Latein-, Deutsch- und Englischstunden endeten. Den Begriff Ehekrise hatte ich von Nicolas Verve gelernt. Marital row. Eine kurze Videosequenz, Nicolas und eine dunkelhaarige Frau, die mit ihrer Handtasche um sich schleuderte und beinahe sein linkes Auge getroffen hätte.

Broken crystal bowls and moonlight. On daytime schedules and nighttime flights. From the start of June to the end of February.

Ich sah in den Spiegel und setzte den grünen Hut auf. Ich hatte Koffer gepackt und einen Flug nach London gebucht. Ich brauchte keinen Stundenplan mehr, ich hatte nichts vorbereitet. Louise saß auf dem geflickten Sessel in meinem Zimmer, in der Wohnung, die ich mit drei anderen Studentinnen teilte, drückte die Kleider zur Seite, die ich dort aufgestapelt hatte. Statt einer Antwort legte ich einen weiteren Schal, silberne Leggings, einen alten Fuchsschwanz und einen langen, gestrickten Rock in das Futteral des Koffers. „Es ist kalt in London, an der Küste haben sie sogar noch Schnee vorhergesagt. Ich brauche Schals. Du weißt, ich friere leicht."

Sie fuhr brachialen Stil. Wie immer, gegen sieben Uhr morgens auf der Autobahn. „Ich begleite dich", sagte Louise nach einer halben Stunde, die wir, eine alte Schachtel Zigaretten aufrauchend, still in ihrem Wagen nebeneinander gesessen hatten, „Nicht wegen Nicnic. Weil ich immer noch deine Freundin bin. Und weil ich das von dir weiß. Vielleicht hast du Glück und Nicolas lebt wirklich in London, geht täglich dort spazieren, wo das Foto entstanden ist, auf dem er unterschrieben hat." Ich betrachtete meine hell lackierten Fingernägel. „Das Grün habe ich abgemacht. Nicolas soll nicht denken, ich sei pubertär."

My life could not be happier. If I hadn't had an eye on you. Chet Baker said, I should care. It's built on moon and sand.

Ein Flug, eine Landung, ein Entgegenkommen. Zugluft aus den Straßen. Schoko- und Pfefferminzdrops in den Manteltaschen, langsames Treten in den neuen Schuhen. Entgegenschwingen, sich bewegen, über Teppichböden, über Treppen, auf die Straße, ins Freie. Eintreten, in das Hotel in der Seitenstraße, South Kensington. Das Öffnen der Zimmertüren, Licht ging an in den Zimmern, Gegenstände erstrahlten – sie registrieren, kurz in die Hand nehmen, anders wieder hinstellen, sich aufs Bett setzen, im Mantel, schlafen. Später Rhythmen hören durch die geöffneten Fenster.

Fest tippten meine Füße auf die Badezimmerfliesen. Weiße Rechtecke, in Grün gefasst. Durch das schmale Fenster fiel schon Morgenlicht. Ich rubbelte meinen Körper trocken und schob eine Kassette in den Walkman. Das Falsett von Nicolas' Stimme setzte sich durch den Dunst des Badewassers. Es schwamm lau und reglos in der Wanne. Tears for Souvenirs. Meine eingeschäumten Haare wurden starr. Wasserstoffperoxid – oder so ähnlich. Meeresgischten jenseits der Themse, Dreiviertelmonde dahinter. Blicke durch die Glasscheibe, früher Morgen. Louise, denk bitte an die Chicken Rolls, so gegen zehn Uhr. Bitte koch uns Kaffee. Bitte erzähl mir, wir werden ihn heute Nacht an der Station Holland Park sehen. Weil dein Puls normal schlägt, wenn meiner aus dem Takt gerät. Das Leder deiner Handschuhe reibt aneinander. Wenn Nicolas, an der Station vorbei, bei Seven Eleven zur selben Zeit wie wir Vanilleeis mit Karamellsoße kauft.

Wir stemmten uns den Straßen entgegen ohne Eile. Dehnten uns aus in alle Richtungen, knallten in die Farbigkeit eines wirbelnden Zentrums aus Stahl, Beton, Buchstaben, Hupen, Melissengeschmack. Dampfende Pasteten, Haut, Fleisch, Knochen, nahmen wir uns dort, wo wir uns gerade aufhielten, sahen Bilder und Mumien in Särgen, Bilder verdichteten sich zu einem Namen, Nicolas Verve. Als das japanische Pärchen auf der Tower-Bridge uns bat, sie zu fotografieren, fiel Louise die Pocketkamera aus der Hand. Ich stutzte, scharrte mit den spitzen Schuhen in den Rillen der Gehsteigplatten. Staub und Kiesel formten kleine Inseln auf dem dunklen Leder, hingen an den über Kreuz geschnürten Bändern, die bis über die Waden reichten. Louise handelte alles allein aus. Sie brachte die Kamera zur Reparatur, kaufte für das japanische Paar Tulpen mit dem Namen Europas Frühling. Im Geschäft sprach sie über den Grund unseres Besuches in Groß-britanniens Metropole, erzählte von Nicolas' neuer Platte und meinen Versuchen, ihm zu begegnen.

Blonde Haare, graue Augen.

In Notting Hill, London, sah ich dich. Am frühen Nachmittag gingst du vorüber, Schmutz an den Sohlen, oben gebürstet, Wildlederslippers. Den rostroten Mantel sah ich später noch einmal – im Melody Maker.

Gleich würde mir übel werden, Louise und die Verkäuferin sprachen, verwackelten und verschwammen mir vor den Augen. Mein Blick fiel auf das dunkle Leder der geschnürten Stiefeletten. „Louise, ich gehe allein ins Hotel zurück." Ich legte den Brief mit Goldfilzstift beschrieben neben Louise auf die Ladentheke, während sie die reparierte Kamera inspizierte. Sie sah auf den Umschlag. „Das finde ich nie. Ich kann nicht zwanzig Straßenfluchten abspazieren. Das ist dein Part. Durchgelaufene Schuhsohlen – das wäre ein Preis für die Liebe."

Wir saßen in der U-Bahn, einander gegenüber. Louise biss schweigend in ihr Heringssandwich und knisterte mit der Zeitschrift. Ich sah gebannt auf ihr spärliches Mittagsmahl.

Zwiebelringe und grüner Salat hingen aus den Hälften der Teigware und wurden synchron dazu von ihren Zähnen zermahlen. Sie rieb sich die Finger am Papier ab, wischte über die Druckerschwärze, zerdrückte die Ecken. Jemand saß uns gegenüber und sprach über den Gleisverlauf der Untergrundbahn, das Highlight der frühen dreißiger Jahre. Im dünnen Kunstlicht des Waggons sah ich nur scherenschnittartig Louises Profil. Sie schlug mit einem Mal die vom Fischfett zusammengeklebten Blätter um, drückte das Magazin auseinander und hielt die Doppelseite vor mich hin. „Da hast du deinen Prince Charming." Nicolas' Portrait sah mich aus zwanzig Zentimetern Entfernung an. Ich las. *Can someone so naturally thin and pale hope to look healthy – anyway?* Stand da. Louises Profil erhellte sich in einem orangenen Bremslicht. „Eine fiese Schnalle, die Journalistin. My goodness, Nicnic. He is Nicnic. It's him, really him." Louise plapperte ein Englisch, an dem sich niemand stieß, denn ihr Gesicht war fröhlich, immer fröhlich, runde Backen, Lachkanten. Ich fühlte es vibrieren unter dem Mantel, unter meinem Hintern, den

Oberschenkeln. Das Rauschen des Zuges und die aufblinkenden Lichter des Tunnels verschmolzen zu einem zähflüssigen Gebilde, ich sah auf meine Strumpfhosen und atmete den Geruch von Tütensuppen und verbranntem Plastik.

Louise saß entkleidet auf dem Hotelbett und las den Melody Maker. Anschließend klemmte sie die Zeitschrift unter ihre Brüste, stand auf und ging ins Bad. Neben der Glasleuchte auf dem Nachttisch lag der mit Goldfilzstift beschriebene und schon verschmierte Brief. Wenn etwas unter dem Busen kleben bleibt und nicht herunterfällt, ist es Zeit für eine Schönheits-Operation, hatte ich mal irgendwo gelesen. Bei Louise lag das Festkleben an ihrer Körperfeuchtigkeit. Sie roch nach Erdbeersahnepudding, hatte es sich in der Wanne bequem gemacht und das kostenlose Heißwasser genossen. Wächsernes Licht tröpfelte auf die Kante vom Bettvorleger. „Lies das mal. Es gibt millionenfach Berichte über Stalker und Stalkerinnen. Nicolas Verve wurde bisher nur durch benutze Damenschlüpfer und eine eingeschlagene Scheibe im Auto belästigt. Willst du das nicht endlich toppen? Ein einziges Autogramm hat er dir geschickt. Nimm deine Reize an die Leine und schlag deiner Beute endlich die Zähne ins Fleisch."

Die dunkle Nische, das gedimmte Licht, viel Plüsch, Wein, Pina Coladas, das Achtziger-Flair. „Ich geh dann mal aufs Klo", hatte Louise gesagt und war im Seiteneingang verschwunden. Die Frau vormittags im Fotoladen wusste, dass Nicnic hier einen Auftritt hatte. Der nirgendwo angekündigt war, nur für geladene Gäste. Ihr Freund war Konzertfotograf. Sie legte seine Eintrittskarte auf den Kopierer. Für uns. Ich stand allein im Foyer, viel zu spät, die kopierte Karte in der Hand. Der Portier kam auf mich zu. „Das Konzert hat längst begonnen. Sind Sie eingeladen?" Einzelnen Damen, fast noch Mädchen, Studentinnen mit klappernden Armbändern und Oberteilen in Blue Velvet, aufgepolsterten Schultern, Paillettenschößen traute er anscheinend nicht. Wir waren nicht echt. „Ich warte auf meine Freundin. Sie hat eine Magenverstimmung. Der Fisch im Restaurant war faul." Der Portier musterte meine Augen. Das Kleid klebte mir am Körper, mein Nacken wurde steif. „Die Ventilatoren." Ich hielt ihm die Karte hin, die in meiner Hand zitterte. Er nahm sie nicht. „Nun gut. Sie dürfen bleiben. Es war ein Scherz. Woher kommen Sie? Sie sprechen Dialekt." „Das ist kein Dialekt, das ist mein Akzent. Ich bin Ausländerin. Haben Sie das nicht gemerkt?" Der Portier trug gewichste Schuhe. Vermutlich spuckte er auf die aufgetragene Schuhcreme und verrieb das Ganze dann, bis es glänzte. Er legte seine Hand an meinen Arm, er musste die Feuchte meiner Haut fühlen. „Ich werde Sie mit Mr. Verve bekannt machen. Ich bin sein Manager. Übrigens, seine Freundin ist..." Ich spürte seinen Mund an meinem Ohr und ahnte, dass er etwas mit Knoblauch gegessen hatte.

Ein Mann saß an der Bar. Herzkönig hatte den Platz ergattert und saß da, ein Karobube für Louise, sie erforschte die Rillen in seinen Fingernägeln. Studierte die labilen Nägel, deren Finger unabsichtlich und zerstreut über die Wodkareste auf

der Theke fuhren und schließlich das Cocktailglas ergriffen.
White Lady, Cherry Blossom. Peach and Honey. „Längsrillen
in den Nägeln stehen für eine schwache physische Konstitution." Klare Flüssigkeit rann mir die Kehle hinunter.

Mein Blick heftete sich auf das leere Glas mit der Kirsche.
Fast wäre ich so unbeherrscht gewesen, ihn zu bitten, die
Cocktailkirsche mit den Zähnen zu hälften. Dann lag sie zwi-
schen seinem Daumen und dem Zeigefinger. Verschwand im
Mund. Mein Paillettenrock war knitterfrei, doch ich konnte
den Kopf kaum noch bewegen.

„Hello, Mr. Verve, my girlfriend wants to talk to you. Wants
to meet you. Ja, nur Sie. Mr. Verve, nur Sie." Sagte sie nicht,
she loves you. Louise. Ich sah eine vergangene und künftige
Serie derselben Sätze mit leerem Blick in seinem Blick, in den
Pupillen. Eine Serie derselben blassblauen Frauenhand-
schriften, pinkfarbenen oder kirschroten Lippen unter
denselben hoch gebürsteten Haaren. Ich sah Glitzershirts und

kunstfellverhüllte Hälse. „My girlfriend wants to meet you, so be her Prince Charming."

Nicolas Verve sprach mit dem Portier. Er habe ein Zimmer gemietet, er sei mit seiner Band hier, die hätten sein Geld verspielt und auf seine Kosten Verschiedenes geraucht, sich betrunken. Ordentlich. Er sei so nüchtern. Und kalt sei ihm. Was die schlechte Organisation solle. Sehen Sie nicht das Sauwetter. Er, Nicolas Verve, im Trenchcoat, im Jean Paul Gaultier-Anzug, ohne Schirm. „Erwarten Sie nicht zwei Damen?" „Nein. Meine Partnerin ist bereits gegangen. Sie hat das hier nicht ausgehalten." Seine Partnerin, das war die Frau, die auf seiner Platte sang. Ihr Gesicht war eine Black Box, aufgefüllt und gefüttert mit denen fremder Frauen, in Nicolas' Film, seinen Videoclips, auf dem Plattencover.

Nicolas hatte auf seine Freundin gewartet. Er hatte, frierend, im Trenchcoat, es war kalt und regnerisch, gewartet. Das Wasser war ihm in den Kragen gelaufen. Er würde sich erkälten. Auch wir froren in unseren dünnen Blue Velvet-Kleidern und hassten unsere klimpernden Armbänder, von denen es tropfte, und die feucht und kalt an unseren Handgelenken klebten. Louise hielt mich am Arm fest, damit ich nicht hinfiel. Alles um mich herum verschwamm in glasklarer Flüssigkeit. „Wenn Nicolas irgendwo hier draußen ist, wird er sich den Tod holen. Ganz bestimmt, Louise. Seine Gesundheit ist zart." Sie nickte und wickelte sich fester in ihr Regencape. Ihre Lippen waren längst hautfarben, wasserfesten Lipgloss nahm sie nicht. Das Licht der Laternen schien grünlich, vermutlich eine Spiegelung durch den Regen. „Sollen wir bleiben oder sollen wir ein Taxi bestellen?" „Bleiben, Louise, bleiben. Ich will da nochmal rein. Ich will Nicolas' Halsschmerzen haben, auch wenn er sie noch nicht hat."

Wir liefen durch immer stärker werdenden Regen, zwei Paar High-Heels auf dem nassen Pflaster. Unsere Augen suchten nach einer Telefonzelle. In etwa 300 Metern Entfernung, an einem Zaun, der plakatiert war, entdeckte Louise eine. Wir rannten in die Zelle, deren Tür sich kaum schließen ließ. Louise hob den Hörer von der Gabel. Wenn sie jetzt ein Freizeichen hörte, wäre das ein Glücksfall. Nicolas in fremden Betten, in fremden Pyjamas. Nicolas allein im Pyjama. Nicht allein ohne Pyjama, mit fremden Frauen. Mit seiner Freundin. „Hör auf mit den Geschichten, Louise." Ich wandte mich zur Seite und sah durch die regennasse Scheibe der Zelle das Plakat. Ein schlanker Mann, hoch gewachsen. Im Vierziger-Look.

Strähnen kaltgelben Lichts rannen über das bucklige Pflaster. Zwischen meinen Fingern fiel es wie durch eine Jalousie. Ich nahm die Hand vom Gesicht, rechts neben mir kniete Louise in ihren kiesgrünen Bodystockings. Der Geruch ihrer Knie drang in meine Nase, die sich verklebt anfühlte. Unterhalb des Reisverschlusses, der auf der Innenseite ihrer Stiefel entlanglief, schimmerte eine tintene Flüssigkeit. „Mädchen", kam ihre Stimme in Richtung meiner Augen, „Eigentlich müsste man sich mit dir schämen. Aber ich tu's nicht." Der PVC-Belag unter meinen Füßen war hart und glatt gewesen wie das Handtuch, mit dem er sich den Schweiß getrocknet hatte, bevor ich an seiner Lounge klopfte. Meine Lider klappten langsam nach unten. Ich hatte ihn gesehen, noch einmal.

Nighthawks. Yes, you are married. But I don't care. I have fallen in love with you and I told my mum. She said, be happy, child. But he's married. Who would give a dime? I'm in love with you.

„Nicolas hat irgendwann Chemos bekommen. Jedes Mal, wenn er sich bürstete, konnte er seinen weiblichen Fans etwas mehr von seinen Frontsträhnen schicken." Ich schüttete Kamillenblüten in ein Teesieb und setzte Wasser auf. An der Tapete, über den Küchenfliesen klebte noch immer die alte, unechte Konzertkarte. Während der Tee zog, malte ich mir die Nägel blasspink, kratzte gedankenverloren etwas Putz hinter der sich lösenden Tapete hervor. Louise saß auf dem

Plüschsofa, das ich in einem Second-Hand-Möbelhaus gekauft hatte. Ich wischte mir die Tusche aus den Augen, die Louise anleuchteten. Als wären dunkle Wolken plötzlichen Sonnenstrahlen und einem Regenbogen gewichen. „Hoffentlich haben ihn die Chemos nicht impotent gemacht." Louise drückte sich an meinen Wonderbra. Sie tätschelte meine Arme, meinen Rücken. „Mach dir keine Sorgen. Die Ärzte frieren gewöhnlich eine größere Ration Spermien des betroffenen Patienten ein. In flüssigem Stickstoff. Vielleicht hast du irgendwann genügend Geld und kannst sie käuflich erwerben." Ich saß auf dem Sofa, bis es dämmerte. Bis das Tageslicht aus meinen Räumen schwand und dunkelblauer Nacht Platz machte. Ich legte eine schwarze Scheibe auf den Plattenteller, Second Hand gekauft. Der Walkman, die Kassette waren lange schon kaputt. Gesang im Falsett stieß in die lungernde Luft. Süßes, Schweres drang in meine Nasenschleimhaut. Drumsticks, kollabierende Saiten. Ich hörte ihn, ein anderer schlug die Tasten. Nicnic schoss mit seiner Stimme hinab in den Saal. Süßes, Schweres wanderte mir durch die Muskelstränge, in das fleischige Platin-Gehrock-Giro-Konto, was für eine Sprache, das Ersparte, Aufgesparte, in die Lungenflügel, links und rechts, in die oberen und die unteren Organe, paarweise angeordnet, von Tür zu Tür. Rotglühende Augen wie Johannisbeeren pulsierten, versanken. Seine Landsleute nannten Nicolas den blonden Bryan Ferry. Er hatte auf dem Plattencover den scharf konturierten Mund, den er selten für ein Lachen nutzte, nie war er nachlässig gekleidet. Ich hatte in meinem Zimmer ein Leben mit Nicnic gebucht, gleich einer Pauschalreise in ein Land, das schön war und postkartengleich und gleichzeitig so stark in der Farbe, dass ich dunkle Sonnengläser tragen musste. Nicnic war hier, sobald ich die Augen schloss, ein altes Kinderspiel startete, einen leiernden Reim sang. Ich drehte den Verschluss der Sektflasche auf, der Korken flog an die Zimmerdecke und hinterließ Flecken. In der Schublade fand ich ein altes Tuch, das mal ein Mädchenslip war. Ich nahm das Tuch heraus und wickelte es um einen Schrubber.

Mit Nachdruck

Mit Nachdruck, sagt er, während von hinten jemand einen Berg Zucker auf seinen Teller schüttet und ihn bestreut, eine Zuckerdose auf die Seite rollt und zerbricht, mit Nachdruck, hat sie zu mir gesagt, mit Nachdruck bestehe ich darauf, dass du derjenige bist, der mit mir zum Tanzvergnügen geht. Warst du es, der die Annonce aufgegeben hat, frage ich ihn. Er fegt den Zucker von seinem Platz, sagt ja und gießt sich Wasser ein. Ich kaue meinen Pflaumenkuchen, mit weniger Lust, und die Stimmen um mich herum klatschen mir Feigen auf die Ohren, Pflaumen im Winter sind ein Anachronismus, mit Nachdruck, höre ich, es hebt jemand die Zuckerdose auf, den Porzellankadaver. Mit Nachdruck, hatte sie zu ihm gesagt, ich streiche die Sahne auf dem verbliebenen Kuchenstück flach, während meine Zähne, meine Zunge Teig erwarten und zerteilen, er schüttelt den Kopf und fasst sich an die Stirn, die Kellnerin bringt noch einen Weißwein. Die Sonne wirft mit Lichtpaketen nach uns.

Etwas Erbauliches

In der Nacht vor Weihnachten begann sie mit einem Roman. Weil der Schnee nicht hatte kommen wollen. Das Thermometer war auf drei Grad Celsius stehen geblieben. Die Luft roch nicht nach Fichtennadeln, sie roch nach Benzin und schmutzigem Regen. Schmutziger Regen hat einen eigenen Klang. Man weiß, dass volle Mülltonnen vor der Haustür stehen und vor den Feiertagen nicht mehr abgeholt werden. Man weiß von dem aufgeweichten Papier, den schleimigen Überziehern, stinkenden Milchtüten, die auf dem Hof herumliegen und festgewaschen werden. Man muss etwas trinken an diesem Abend. Der Wecker ist auf sieben Uhr gestellt, sie wird den Klingelbefehl löschen, bevor er scheppernd beginnt. Sie wird weiterschlafen und den Zug verpassen. Die Eltern werden sich aufregen. Kann das Kind nicht mal zu Weihnachten pünktlich sein. Sie wird in ihrem Zimmer sitzen, Teelichter in den Kerzenhalter legen, sie anzünden und dabei zusehen, wie sie in Form einer Wendeltreppe im Raum brennen. Sie wird die Fenster weit öffnen und den Regen hereinlassen, die Rinnen mit der schlammigen Brühe und die vorbeirauschenden Autos betrachten, die Benzingestank in den Regen entlassen. Wenn die ersten Kerzen heruntergebrannt sind, wird sie neue einlegen. Sie hat Vorrat, hundert Stück gekauft. Sie wird den Stecker aus dem Telefon ziehen.

Er hatte sich etwas Erbauliches von ihr gewünscht. „Schreib doch mal was Erbauliches", hatte er bei ihrem letzten Besuch im September gesagt. Kerzenlichter waren nicht geeignet, sich daran zu erbauen, sie waren gemacht, um den Körper schwitzen und die nicht geschriebenen Gedanken zerfließen zu lassen. Sie brachte nichts ein. Sie war ein Verlustgeschäft. Aber sie wollte Kerzen. Was war erbaulich? Eine geglückte Liebesbeziehung? Eine Familiengeschichte, in Obstgärten und mit glücklichen Kindern? Im Obstgarten war sie oft allein gewesen und fühlte sich beklommen. Ab und zu plumpste eine überreife Frucht ins Gras. Es köderte sie das Schweigen. Sie wollte in den Obstgärten sitzen und mit den ins Gras gefallenen Mirabellen ihr Alleinsein feiern. Die waren klein, wurmstichig und wurden von Mutter nicht gemocht, denn sie blieben an ihren frisch geputzten Schuhen kleben. „Mit dem Obst ist nichts anzufangen, nicht einmal einkochen kann man es. Der Mirabellenbaum muss weg." Sie erinnerte sich an den süßen, etwas faden Geschmack und das Weiche, Runde in ihrem Mund, das sich mit der Zunge leicht zerdrücken ließ. Die Mirabellen waren so weich und nachgiebig wie das Kerzenwachs, in das sie ihre Finger tauchte und wartete, bis es sich kneten ließ.

Hausbesitzer sind um die Weihnachtszeit die einzigen verbliebenen Menschen. Sie machen sich an deinem Briefkasten zu schaffen, freuen sich über die frischen, weißen Schildchen, sind beglückt wie Schulkinder. Der Zug aus einer Havanna-Zigarre macht sie erwartungsvoll für Mußestunden, heute kehren sie, nicht fluchend, auch die schleimigen Überzieher mit Blattwerk vom Hof. Dass schwermütige Musik aus den Boxen tönt, überhören sie. Vielleicht ist es auch die

Kerzenstimmung, in ihrem Haus mit seltsamen Rundungen an den seltsamsten Stellen. Baugerüste ruhen stumm, wollen seit Monaten ihre Beute nicht freigeben. Balkontüren werden aufgestoßen. Sie sind so alt, dass ihr Knarren schon vertraulich klingt. Regenschauer wehen herein. Ältere Herren mit grauen Bärten und PDS-Mützen schlingern auf Fahrrädern durch das schlechte Wetter, treiben vorbei. Du kratzt Tapetenreste von der Wand, überlegst, zum wievielten Male, ob du die vergilbte und von Klebestreifen entstellte Wand über deinem Bett streichen sollst. Starrst den Stuck an, der in jedem Zimmer anders aussieht. Ziehst mit den Augen Kurven und Rundungen, Kreisbewegungen um eine leere Mitte nach und entdeckst in den Bewegungen die Walzerseligkeit, die in deinem Beisein nie stattfand.

Manchmal, wenn es hier sehr dunkel ist, leuchtet ein grünes Schild mit dem Zeichen für Notausgang. Doch du findest die Tür nicht. Trittst in eine der drei Abstellkammern ein, Staub rieselt in deine Nase, ein Strick baumelt aus einigen Metern herab und du weißt, dass da oben ein Stuhl in luftiger Höhe hängt. Der richtige Ort für eine Persona non grata. Doch du kommst nicht dorthin.

Unentschlossen stülpen sich seine Hände auf die Tischdecke aus Kunststoff. Abwischbar ist alles hier auf dem Tisch. Er sitzt auf einem Stuhl, der seine Haltung steif macht und dessen Compagnon in der Abstellkammer hängt. Er raucht Kabinett, hat ihr für ein halbes Jahr zwei kabinettdurchzogene Zimmer offeriert. Sie steht am Büffet. Das gehört zu dem Möbelsortiment, das an einem Nachmittag taubengrau angestrichen wurde. Die Einzelteile aus dem Sortiment stehen in der ganzen Wohnung. Jetzt soll sie ihm in ihrer umständlichen Art erläutern, dass sie keinen Partner hat und muss hören, dass daran etwas nicht zu verstehen ist. Hier am Büffet, und Brot schneidend, da sitzt einer am Tisch, den sie erst zum zweiten Mal in ihrem Leben sieht. Sie säbelt die Scheibe herunter, die trennt sich und fällt ab. Geriebener Käse steht daneben. Wieso keinen Partner. Es ist zu viel.

Inzwischen ist es fast soweit, dass er wiederkommt. Einen Partner hat sie immer noch nicht. „Lieber A.", schreibt sie ihm, „ich habe in deinen Zimmern hunderte von Kerzen verbrannt. Das elektrische Licht mit den 25-Wattbirnen leuchten lassen, mit Blick an die Decke über hundert Jahre alte Stuckgeschichten nachgedacht. Vielleicht findest du meinen Geist in deinem Zimmer, du wirst es merken, wenn die Temperatur zu schwanken beginnt. Nimm dir Schal und Halspastillen. Mit etwas welkeren Brüsten als damals, aber mit frischem Gesicht begrüße ich dich, stehe an der Flügeltür, die geöffnet ist. Du bietest mir Kabinett an, und wir wundern uns, wie anders für jeden von uns ein halbes Jahr vergangen ist."

Er hat die höchste Leiter aufgestellt. Er spricht vom Stuck und seinen Widrigkeiten. Dass die Malerrolle nicht bis in die Rosenritzen dringt. Dass dort die Weltsicht sich verliert. Dass er die Deutung den Kunsthistorikern überlassen muss. Damals wollten sie runde, kommunikative Formen schaffen.

Vielleicht war es mal ein Gesellschaftszimmer. An einsame Schläferinnen wurde nicht gedacht dabei. Steh auf und schreib was Erbauliches. Dreimal rund ineinander rund. Und Rosen in der Mitte. Ihre Augen liegen beim Betrachten in ihren Höhlen, in ihrer Flüssigkeit, in einem Kopf, der auf ein weißes Kissen gebettet ist.

Schäumen

Er war ein Freund von Trinkliedern, von solchen, die Wein auf Weib und Gesang reimen. Liebe, Schnaps, Tod. Gern ließ ich meine Röcke fallen. Gern sang ich seine Trinklieder mit. Gern redete ich in seiner Sprache. Gustav, sagte ich zu ihm, Gustav, du solltest diesen Rotwein versuchen, bevor du weitersprichst. Erst treibt es dich in meine Betten, du reißt Matratzen und Laken heraus, in meinem Schlafzimmer rieseln die Kissendaunen. Das macht mich nicht gerade vor Wollust sterben. Ein begnadeter Liebhaber bist du nicht. Das Laken hat Stockflecken. Wir werden es schrubben und scheuern müssen wie früher zu Hause unseren Hund. Die Matratzen sind bald durchgelegen. Und auch für dich muss etwas getan werden. Ich werde morgen Mittag zur Nachbarin gehen und sie um ein sauberes Handtuch bitten. Dann wirst du dir in meinem Badezimmer die Hände einseifen, bis sie ganz mit weißem Schaum bedeckt sind. Du wirst dir die langen Nägel bürsten, bis auch der kleinste Erdkrümel darunter verschwunden ist. Bürste, lieber Gustav, bürste! Die mechanische Arbeit wird deinen unruhigen Geist für Minuten auf der Stelle verharren lassen, wir werden, während du dir die Hände bürstest, kein einziges Trinklied singen. Dann werde ich dir eine Schüssel mit lauwarmem Wasser bringen, freilich nicht, ohne das Wasser zuvor getestet zu haben. Die Zungenspitze werde ich hineintauchen, einrollen und ein paarmal hin- und herpendeln lassen. Gut. Die Wärme des Wassers ist gut. Ich werde die Schüssel danach von außen blankreiben, so sehr, dass Wasser aus ihr schwappt. Ich weiß, das hätte ich tun sollen, bevor ich sie befüllte. Aber ich tue die Dinge nie in der richtigen Reihenfolge. Ich trage die Schüssel durch die Wohnung, sehe dich im Badezimmer stehen mit dem Rücken zu mir, und deine Arme verrichten mechanische Arbeit. Die Ellbogen stoßen vor und zurück, die Bürste schrubbt. Braver, eifriger Gustav. Ich stelle die Schüssel neben dich auf den Holzschemel, eine einfache Badezimmerexistenz. Dein Bürsten wird mir bald unheimlich werden. Die Kraft und Ausdauer, die du darauf verwendest, wird mich stutzig machen. Deine Hände sind umhüllt von einer weißen, schaumigen Masse, die schon auf den Boden tropft. Ich denke an das stockfleckige Laken in meinem Schlafzimmer, das seit gestern abgeschlossen ist. Denn ich schäme mich der herausgerissenen Matratzen, ich schäme mich der Kissendaunen, die wie Sägespäne oder wie federleichte Maden durch das Sonnenlicht im Raum tanzen. Warum hörst du nicht auf zu bürsten. Unter der weißen Schaummasse verstecken sich nun schon herunter gebürstete Hautfetzen, so dick ist keine Haut, das Fleisch, eine Knochenhand wird gleich in der Schüssel baden. Eine Knochenhand, wie auf dem Schreibtisch von Studierenden der Medizin. Aber dann badet deine feiste, fleischige Hand mit den langen, blassen Nägeln unverletzt in Lauwärme, weich und bequem. Der nun graue Schaum treibt um sie herum wie ein braves, anschmiegsames Kind.

Herrenbeine

„Oh, what a lovely pageboy." Baronin von Morast war entzückt. Ihr Mann lehnte am Piano und lächelte säuerlich. Er hatte dafür gesorgt, dass seine Gattin ein wenig Abwechslung erhielt, und sie dankte es ihm sogleich, indem sie ihn düpierte. Der Junge, den er ihr mitgebracht hatte, ein Engländer, vielleicht zwanzig Lenze jung und ausgestattet mit einer soliden Stimmbildung, sollte sie nur beim Klavierspiel begleiten und sich unterstehen, ihr unter den Rock zu greifen. Frau von Morast hatte ihre weißen Glacéhandschuhe abgestreift und nestelte an der Tolle des Jungen. Dessen klagende Stimme ließ schon nach wenigen Minuten die Gläser im Schrank vibrieren. Frau von Morast bearbeitete das Piano, als wollte sie Kartoffeln stampfen. Ein alberner Vortrag. Der Baron klopfte energisch auf das schwarze Holz des Instrumentes, der Junge verstummte und wandte sich um. „Finally, we've got it", flüsterte er der Baronin zu. Hinter seiner Schüchternheit verbarg sich ein unbeirrbares Selbstvertrauen. „My Pageboy." Zärtlich streifte Frau von Morast die Tasten und begann mit Claire de Lune. Der Junge kannte das Lied. Sein Gesang wurde leiser und fester. Frau von Morast bestaunte seine Art, den Mund beim Singen zu bewegen. Er öffnete ihn nur an einer Seite ganz, es schien, als habe Mutter Natur hier schlampige Arbeit geleistet und die Vollkommenheit durch schiefe Lippen ruiniert. Auch seine Zähne hatten keine optimale Stellung. Eigentlich sah er aus wie ein Punk, den man in Abendgarderobe gesteckt hatte. Doch auch der Dichter Charles Baudelaire hatte sich die Haare grün gefärbt. Es fehlte nur noch ein Papagei auf der Schulter des Jungen und das Bild wäre vollkommen. Eine Blaustirnamazone hatte der Baron vor kurzem erworben, und sie fraß seiner Gattin bereits aus der Hand. Von Morast rieb sich die Hände. Für einen Moment triumphierte er. Einen Punk avant la lettre hatte er da an der Angel. Im Hause Morast residierte die Avantgarde. Er würde ihn in die Gesellschaft einführen. „I will make you big", sagte er, zu Pageboy gewandt, der sich im Falsettgesang abmühte und in seinem Eifer Speichelfäden auf die weißen und schwarzen Tasten spuckte. Frau von Morast fuhr mit den Fingern darüber, ohne es zu merken.

Die übrigen Sonntagsgäste hatten sich nach und nach bequem in die Kissen zurückgelehnt. Gerade hatte sich einer verabschiedet, als Herr von Morast ein Kribbeln im linken Fuß verspürte. Er ging zum Fenster und öffnete es. Pageboy und seine Frau lagen jeder für sich in tiefen Sesseln und rauchten Gitanes. Nein, seine Frau liebte nur die Musik. Es waren die Nerven. Von Morast litt seit langem an erweiterten Beinvenen und einer Degeneration, die Muskelzuckungen zur Folge hatte. Still zog er sich aus dem Musikzimmer zurück und hängte an diesem frühen und lauwarmen Abend den Kerzenlöscher an den Garderobenständer. Dann drückte er die kaum gerauchte Zigarre am Wohnstubenlüfter aus, ein Apparat, den seine Frau romantisch den Schneesternlüfter getauft hatte – im Andenken an eine weiße Chrysantheme, die Pageboy ihr heimlich unter dem Tisch in den Schuh gesteckt hatte.

Unter ihrer schillernden Garderobe trug Frau von Morast drei Korsagen mit lila Spitzen. „Mein Mann ist leider kein Goldesel. Überlegen Sie sich gut, ob sie den Auftrag annehmen", sagte sie zu Pageboy, als die Chrysantheme sich zwischen das Leder ihres Schuhs und den Fuß schob. Ihr harmloses Nesteln an den Frontsträhnen seiner Frisur (er musste den Auftrag annehmen, den sie ihm anbot) wurde zu einem festeren Griff in die gesamte Haarpracht. Sie pustete ihm ihren Puder ins Gesicht. Aber Pageboy war jung und verstand noch nicht, wie sehr die wippende Tolle in seiner Stirn Frau von Morast provozierte und die Behaglichkeit ihrer Ehe schleichend, aber stetig verunreinigte.

Die Baronin hatte sich am nächsten Tag schon zum Mittag in ihr Schlafgemach zurückgezogen. Ihrem Gatten hatte sie untersagt, es vor dem Abend zu betreten. Sie fürchtete seit ein paar Tagen die Art seiner derberen Gelüste. Die Furcht vermochte sie nicht zu deuten, deshalb musste sie sich legen, den Deckenstuck anschauen und nachdenken. Frau von

Morast wälzte trübe und konturlose Eindrücke wie ihre Kissen hin und her, kehrte das Unterste zuoberst, tat, als würde sie ein inneres Bett neu beziehen. An ihren Gatten konnte sie nicht denken, ohne dass ein feiner Brechreiz sie streifte, nur eben streifte, wie der zuckende Nervenschmerz das linke Ohr. Die Lust, dachte sie, die Lust empfand sie doch. Irgendetwas an ihrem Mann war ihr unheimlich geworden. Sie erinnerte sich an das dröhnende Lachen, mit dem er am Sonntag den Privatier Kellermann und seine Clique begrüßt hatte, während er ein neues Mohnpräparat an ihnen ausprobierte. Bläulich hatten sich allseits die Lippen verfärbt, und als Morast nach ihr griff mit dünnen Fingern, hatte sich zu der vertrauten Lust, die ihr den Unterleib wie ein Schwert durchschnitt, ein leiser Ekel gesellt, ein Kontrapunkt, der ihr den Hals kitzelte. Ein fremder Eigner. Eigner welcher ihrer Körperregionen? Sie hatte ihn stets geehrt, ihn, ihren Mann, der ihr Lüste verschaffte. Der Hüte à la Mode trug, orangenorange, linzertortenrund, zuckerkristallbesprenkelt. Der mit der neuen Mode ging (ein Lebensdetail, das immer mehr auch

Männer betraf). Der ihr ein Papageienzimmer für ihre gefiederten Freunde eingerichtet hatte, anspruchsvolle Wildtiere, die sie niemals, wie ihren Gatten, einfach mit puttputt locken durfte, damit sie handzahm wurden. Die federbestückten Ungetüme. Ihr Mann war rasiert. Ganzkörperrasuren ließ er wöchentlich vornehmen, bei einem Freunde, dem Frizör.

Der Frizör schnitt nicht nur Haare, kämmte, ondulierte und shampoonierte - nein, er rasierte auch, sowohl Herren als auch Damen. Sein Salon war Stadtgespräch, derzeit noch. Ein, zwei Monate, und der Trend erreichte seinen Höhepunkt, um dann langsam wieder abzufallen wie eine sanfte winterliche Bergsenke, schließlich wurden Besuche beim Frizör zu einer Gewohnheit. Die Klugen folgen einer Mode und reden nicht darüber. Sie scheinen. Haben Linzertorten auf den Haaren oder Orangenblütenextrakte in die noch feuchte Frisur gerührt und hineinzitiert, mit zittrigen Fingern, Haare, die ein Windhauch hochfahren lässt. Haben grün gefärbte Haare – so wie der Dichter Baudelaire – oder wie der blonde Pageboy sie bald hätte. Frau von Morast zog Luft ein, stieß sie aus dem offenen Mund geräuschvoll gegen die Wand zu ihrer Linken aus. Drückte mit dem Kopf das Kissen zur Seite, Augen auf wie eine Tote. Er möge sie mir zudrücken. „Gundolf!" Sie rief nach ihrem Gatten, pelzig fuhr es ihr über Bauch und Beine, Gundolf. Sie warf es dem Stuck entgegen und sah einen Himmel, schimmernd wie Glas, eine Kuppel wölbte sich auf die Umtriebige nieder und umfing ihr Gehirn, durch dessen Windungen Serotonin und Endorphin, Dopamin und Neurasthenin schossen wie ein ICE durch eine flache Landschaft.

Baron Morast war derweile in einem unangenehmen Brüten versunken, welches das Endorphingeschoss im Hirn seiner Gattin kontrastierte, pfiffig und nicht ohne Überlegenheit. Warum hatte Gertrud ihn aus seinen Gemächern verbannt? Hatte sein Kuss auf ihren Hals, den er lange, lange vorbereitet hatte, sie nicht überzeugen können, dass er den Körperregionen mit zarteren Dünsten durchaus zugetan war? Ihr Hals roch so nach Frühlingsblumen, war so Jugendstil. Das hatte er ihr beichten wollen mit gefalteten Händen und fest verschlossener Hose. Nichts, aber auch nichts war auf den Kuss gefolgt. Nur eine Schweigeminute wie nach unfassbaren Ereignissen oder während eines katholischen Gottesdienstes, wenn die Gemeinde auf die Knie gesunken war und gleich das Vater Unser in leierndem Gesang beten würde. Die Erinnerung an das Schweigen veranlasste ihn jetzt, im Wechsel ungelesene Kuriere und Zeitungen vom Tisch zu nehmen und mit ihnen zu wedeln, als verscheuche er Insekten. „Du musst immer freundlich sein, du kennst doch Weiber. Klopfet an, so wird euch aufgetan, notfalls klopfst du mit dem schönen Gedanken an", hatte Privatier Kellermann nach dem Musikvortrag von Pageboy beim Diner gesagt. In Herrn von Morasts halb geöffneten Mund, der gerade eine Gabel voll Lacknudeln empfing. Von Morast legte das Werkhausblättchen auf den Tisch und stand auf. Die Tür zum Schlafgemach seiner Gattin stand offen.

„Lüg mich doch nicht an, du hast mit ihm geschlafen, ich sehe es doch, die Betten sind zerwühlt!" Der Baron schwitzte vor Pein, und die Wut stocherte in seinen Eingeweiden. Frau von Morast, die eben nur ein sanftes Rascheln mit einem Papiertüchlein erzeugt hatte, fing wie auf ein Trompetenstoßkommando an zu heulen, indem sie das Tüchlein hochriss, laut zu wimmern begann und sich augenblicklich schnäuzte. Baron Morast besah sich das wüste Schneegebirge auf dem Bett. Ja, Pageboy war sicher ein vorzüglich naiver Liebhaber, er wühlte Laken und Daunenkissen auf, während er mit seiner Gattin den Akt vollzog. Was Herrn von Morast nur noch selten möglich war, Pageboy tat es bestimmt mit Verve und Hingabe.

Nachdem er das Zimmer seiner Frau verlassen hatte, drückte von Morast einen Waschlappen über der Wanne aus. Seine Stirn war noch heiß, aber es ging ihm nach der Wasserkühlung wieder gut. Er hatte es am Morgen immerhin noch geschafft, den Unterleib seiner Frau bewirtschaften zu dürfen

und war, wie so oft, kräftig ins Transpirieren geraten beim im
Morast, nein, in Frau von Morast versinken. Frau von Morast
hatte nach der Prozedur vor dem Spiegel gesessen und einige
Knoten aus ihren Haaren gebürstet. Denn während des Barons Defilee, das heute einer Schlagerparade ähnlich gewesen
war, hatten sich die Haare in Nestern dicht an ihrer Kopfhaut
zusammengerollt – sie waren, ganz wie ihre Besitzerin, dem
körperlichen Druck des Barons erlegen und krümmten,
hakten sich ineinander. Während sie ziepte, zerrte und bürstete, enthob sich nicht ein Schmerzenslaut ihrer Kehle, sie saß
da, mit Augen matt und wie beschlagen.

Ihr Kopf, so schien es Frau von Morast am Ende des Tages,
musste mit Vichywasser gefüllt sein. Der Baron würde sich
wie so oft über ihr Schweigen bei Tisch bekümmern und das
Werkhausblättchen zur Seite legen, weil seine statuenstille
Gattin ihm langsam unheimlich wurde. Frau von Morast
erinnerte sich, wie sie sich als Kind einmal hinter einem Ball
aus Zuckerwatte versteckt und in ihm verbissen hatte. Die

Lücken ihrer Kinderzähne füllten sich mit süßen Kristallen. Verschwanden in einer weichen Wolke aus Zucker. Jetzt versteckte sie sich hinter einer in ihrem Hirn erzeugten Wolke. Das Badezimmer war überheizt. Es gelang den Radiatoren ohne Qualen, den Herbst auf einigen Quadratmetern in ein türkisches Dampfbad zu verwandeln. Der Flur schien an diesem Tag endlos, eine Eisbahn war das Parkett, welches das Hausmädchen frühmorgens um sieben gebohnert hatte.

„Pageboy ist krank! Schon seit dem Vormittag liegt er zu Bett." Herr von Morast zeigte sich unerschüttert über den Bericht seiner Frau. „Gib ihm ein hochdosiertes Aspirin, Gertrud. Er soll heute Abend auftreten. Notfalls mit einem Schal." Vorerst lag der Junge niedergestreckt im Himmelbett der Baronin. Wie die spinnenfeine Meterware im Kaufhaus Lust zur Last leuchtete sein Halswickel und machte ihn unwirklicher.

Morast blickte zufrieden auf das Taschenmesser, das er soeben aus seinen High-Trimmed-Pants hervorgezogen hatte. „So ein Leiden ist endgültig. Es wird den eitlen Gecken hinwegraffen." Mit Hilfe überlegener Rollator-Technik, die im Hause Morast bereits eingeführt war, lange bevor sie in Serie ging, fuhr er den Samtvorhang vor dem Fenster nach oben und beobachtete, wie das polierte Silber seiner Privatwaffe im Tageslicht blitzte. Frau von Morast, der Pageboys medizinische Diagnose vor einer halben Stunde durch den Boten K. in einem versiegelten Couvert überbracht worden war, weinte still in ihrem Boudoir. Hier saß sie nur zu traurigen Zwecken. Morast spürte allmählich, wie das flüchtige Glücksgefühl sich auflöste und seine Galle auf die umliegenden Organe zu drücken begann. Das melodiöse Kassenklingeln, das seit Pageboys erstem Auftritt im Musikzimmer in seinen Ohren schwirrte, wurde leiser und drohte zu verstummen. Plingpling. Er steckte das Messer zurück in seine Heimstätte und zog aus der anderen Hosentasche den Sprechapparat hervor. Er tippte eine kurze Nummer in die Tastatur. „Morast hier. Motten, unternehmen Sie augenblicklich etwas. Der junge Herr ist unser Privatkapital und der Aufziehvogel meiner Frau. Ich bin Ihr Privatpatient. Ich strecke Ihnen die Kosten für die zwölf Behandlungen vor. Das dürfte vorerst genügen, ihn am Leben zu halten."

Morast trat den Weg ins Herrenzimmer an. Dort holte er ein gelbes Fässchen aus dem Sekretär und schüttete den Inhalt dem Hausmädchen, das gerade die Möbel abstaubte, auf die Schuhe. Er war beim Frizör gewesen. Die grün gefärbten Haare standen ihm seitwärts ab, das Spitzbärtchen aber hing schlaff. Er zwirbelte es. „Hm", machte er, „dies ist offensichtlich kein Frühlingsgefühl, das mich jetzt ergreift. Es fühlt sich an wie abgestandene Mehlschwitze." Dabei leuchtete die Sonne heute doppelt hell, wo er doch nun durch die Erfolge Pageboys und seiner Frau öfter gebucht wurde, als sein Widersacher Kellermann, er beim Frizör das Stadtgespräch war und sogar gestern ein paar Mark beim Pferdelotto gewonnen hatte. Die paar Mark waren besonders bedeutsam.

Frau von Morast hatte eine Schwäche für Kaugummi-Automaten, in die man Zehnpfennig-Stücke einwerfen musste, um schließlich eine farbige Kugel zwischen die geweißten Zähne schieben zu dürfen. Farbenfrohe Kaugummi-Kugeln beherbergte sie in einem Silberetui, dessen Knipsen in den Ohren des Barons jedes Mal ein Vibrieren auslöste.

Wenig später bekam Frau von Morast Schleim in die Lungen. „Der Geist in unserer Gesellschaft nimmt ab", dachte sie, während sie sich über das Waschbecken beugte und hustete. Dr. Motten hatte zu unbedingter Ruhe gemahnt. „Ihre Gattin ist von zarter Konstitution, und sie sollte ihrem pagen-köpfigen Liebhaber für einige Zeit den Zugang zum Operationsplatz verwehren." Morast hatte nur noch unwillig abgewinkt. „Sie kennen die Damenwelt nicht, Motten. Meine Frau verträgt körperliche Betätigung recht gut. Wenn sie nichts tut, wird sie krank oder schwermütig. Sie grübelt zu viel. Die jungen Herren bringen sie auf flotte Gedanken. Sie braucht Ladyfitness." Ja. Frau von Morast grübelte zu viel.

Oft saß sie jetzt auf ihrem Plumeau wie eine Prinzessin, deren Pubertät gleich ins Klimakterium übergeht, und mit porzellanfarbenen Wangen philosophierte sie über den Niedergang des Schönen in der Kultur. Über die zunehmende Unfähigkeit der Herrenwelt, bei Regenwetter einen Schirm in angemessener Höhe über das Haupt der erwählten Dame zu halten. Sie pickte die kandierten Papayascheiben aus der Zellophanverpackung und knabberte an ihnen ohne Appetit. Pageboy lag im Krankenhaus und bekam Infusionen über eine Kanüle im blondbehaarten Arm zugeführt. Wahrscheinlich würde ihr Mann, falls sich die Genesung noch einmal einstellte, auf eine rasche Abreise des Jungen drängen, da sein musikalisches Talent den Höhepunkt bereits überschritten hatte und sich im Abschwung befand. Sein letzter Auftritt war eine Pleite gewesen, die Abendgesellschaft hatte gebuht und mit geeisten Stachelbeeren geworfen. Der letzte Freak. Die Lunge der Baronin hatte sich daraufhin mit rasselnden Geräuschen gemeldet. Frau von Morast spuckte zähen Schleim in das Waschbecken und ärgerte sich über den vergeudeten Tag. Wieder ein Tag ohne Pageboy, seine kleinen, aber festen und wohlgerundeten Muskeln an den Oberarmen, seine kräftigen und blondgelockten Unterarme – und … seine feine gebogene Nase. Die blassblauen Augen, die einer Frauenhandschrift glichen. Und sein Haar, so blond. Baronin Morast nahm eine kräftige Nasenspülung vor, schnaubte aus, kämmte ihre dunklen Haarwellen, malte die Lippen, desinfizierte das Waschbecken. Lesen, lange Briefe schreiben, in Unruhe die Straßen und Parks der Stadt durch-schreiten, die von den Bäumen gefallenen Blätter unter den Schuhen zertreten. Als sie sich die Hände trocknete, trat der Bote K. ins Zimmer.

Schnittblumen

Eine Sinfonie in Rosé und Violett

Das meiste war nur geborgt. Jemand hatte ein Wort gesagt, Wochen oder Monate waren seither vergangen, ein anderer hatte sich das Wort notiert und füllte damit einen Absatz, eine Nische in einem mit Syntax bekleideten Part. In der Frühe waren Pakete angeliefert worden, der Bote klingelte mehrmals, doch sie verband mit diesem Klingeln nichts, das Läuten an der Haustür galt niemals ihr. Viel später trat sie heraus, es war Mittagszeit, seit einer Stunde gab es so etwas wie Tageslicht mit einem kaum merklichen Pfirsichstich darin. Pastell traf den Ton nicht. Mattviolett eher, die Farbe der Dekadenz. Im Flur war es dunkel und still. Sie schloss den Briefkasten auf. Ein Paketschein lag darin, das musste ein Irrtum sein. Sie dachte an A. und W., an M. und U. Wie von amputierten Recken waren von ihnen nur die Initialen erhalten geblieben. Geköpfte Rosen, trocken wie Papier. Getrocknet im Glas, gaben sie Tag für Tag ein wenig Pulver

ab. Die Nachbarinnen rechts und links in ihren Nacht-
gewändern überreichten ihr von jeder Seite einen Karton.
Leicht und sperrig waren die Kartons, wie Hühnervögel.
Ohne Absender. Zum Aufklappen. Die Nachbarinnen
schauten hinter langen, dunklen Haaren hervor. Sie dachte
augenblicklich an zwei, dunkel und blond wie ein Schach-
brettmuster, der eine auf Reisen, der andere wie gekettet an
seinen Arbeitsort in der Wohnung, zwei, die nichts voneinander wissen wollten. Ohne Absender. Da lagen sie auf
beiden Seiten in ihren Schalenbetten, leicht und wuchtig, die
Schnittblumen. Die ersten Tulpen im Jahr. „Es ist die
Erinnerung, die quält", hatte der Blonde gesagt. Der Dunkle
nahm nur einen Schluck Branntwein aus ihrem Kelch und
legte das unfertige Produkt der letzten Tage vor sie hin.
„Mach damit weiter. Und nimm den Bus in die Stadt, schnell,
geh, bevor es Nachmittag wird." Die Geschäfte schließen.
Das geborgte Wort steht auf Grund mit seinem Wortstiel,
seinen Kopf, das Projektil, hat es vornüber geneigt.

En Face

Langsam bewegen wir uns durch den Abend. Du erzählst mir Mist von deiner Mutter. Dass sie dich immer wie ein Ausstellungsstück behandelt habe. Wie deine Puppe Lola seist du dir vorgekommen. Eng bekleidet und in Farben, die einer Versuchsreihe im Chemiebaukasten entsprungen sein könnten. Ich habe deine Mutter einmal kennen gelernt. Jahre später fing ich an, ihr regelmäßig in der Weihnachtszeit zu schreiben, ihr Fotos von meinen Kindern zu schicken, als sie heranwuchsen wie die Orgelpfeifen. Du wusstest nichts davon. Ich hatte nur immer das Gefühl, als müsse das so sein. Als gehöre deine Mutter zu mir. Ich hatte ihr Blumen mitgebracht, an dem Tag, als wir uns in deiner Wohnung trafen. Ich trug den blauen Arbeiteranzug aus Hongkong, mit dem ich damals auch zur Uni ging, in der Cafeteria und im Seminarraum saß, siehst du, so lange sind wir schon Freundinnen. Du beneidetest mich um meinen Mut, solche Dinge einfach zu kaufen und zu tragen. Mir das einfach zu nehmen. So wie du dir die Gunst deiner Mutter hättest nehmen können. Was hättest du nicht alles daraus machen können. Alle wollten sie immer nur zu dir, weil ihr den größten Garten, das weiteste Land und du die tollste Schaukel hattest. Dass dir das nicht klar war. Und statt die Farben deiner geschenkten Kleider zu pflegen, brummst du nur, es sind Versuche, neu ist das alles nicht, aber vielleicht kommt was dabei heraus. Und dann konzentrierst du dich auf solchen Mist, auf die Worte deiner Mutter, die sie unbedarft äußert, auf Männer, die dir das Wasser nicht reichen können oder gar nichts von dir wissen wollen. Und hebst ihre Korrespondenzen auch noch auf. Am Tag, bevor deine Mutter dich besuchen kam, sollte ich dir helfen, in deinem Zimmer klar Schiff zu machen. Dein Schrank war voller Klamotten, die du mit deinem Ex zusammen ausgesucht hattest. „Der passt überhaupt nicht zu dir", hatte deine Mutter gesagt. „Raus mit den Sachen", sagte ich, und du heultest. „Das ist doch von ihm, das kann ich doch nicht einfach wegwerfen." Doch. Konntest du. Eigentlich war es dir egal, wer dir dabei half.

Hauptsache, es entschied jemand für dich. Damit du gemütlich über die Erbsen unter deiner Matratze nachdenken konntest.

„Sieh die Sache mal anders", gibst du zu bedenken, während ich mir in deinem winzigen, volldekorierten Bad einen Scheitel ziehe. „Sieh die Sache mal anders, du konntest immer tun, was du wolltest. Und was wollte ich?" Mir hatte man das Wollen zwangsweise untergeschoben, anstatt es mit Chemiefasern zuzudecken. Wir hatten so etwas nicht. Farben gab es nur in Westpaketen. Unsere Kleidung war so unifarben wie die Städte, wie unser Alltag. In die Stadt fahren. Was sollten wir denn da? Das Rauchen anfangen konnten wir auch anderswo. Wenn es etwas in Fülle gab, dann durchsichtigen Alkohol und Zigaretten, trivial nach scharfem Tabak schmeckend. Du allerdings machst dir nichts aus dir. Deine Umgebung bestimmte dich, das wird es wohl sein. Zu viele Farben von Anfang an, vielleicht. Zu wenig leerer Raum zum Denken, zu wenig Anstößiges. Zu viel des Guten. Zu viel

Mutter. Deine Mutter ist eine Sahnetorte an übertriebener Fürsorge. Ich hatte sie auch, die Phase, in der ich solche Tyrannei für Liebe hielt. Der, den ich tyrannisierte, ist lange fort. Es ist etwas, von dem nichts bleibt. Ich schneide mir ein Stück von deiner dreistöckigen Torte ab, für mich ist sie leicht. Das, was du herstellst, hat genug Platz in meinem Magen. Heimlich und schnell stopfe ich das Stück Torte in mich hinein, schneide mir noch ein zweites ab. Dafür brauche ich ganze drei Minuten. Später wirst du dich beschweren, dass ich in deinem liebevoll zubereiteten Abendessen wieder nur herumstochere.

„Ich bin wie die Venus", sagst du an diesem Abend, es ist ein Abend, an dem die Sommerschwüle philosophisches Palaver eigentlich unterbinden sollte. Doch nicht deins. „Ich bin wie die Venus, kein Wasser, kein Sauerstoff, zu viel aufgestaute Hitze, mit einer dicken Wolkenschicht zugedeckt. Ich bin wie die Venus, kreise dahin, viel zu langsam und in die verkehrte Richtung. Eine vergessene Welt. Wie findest du das?" Ich finde dich darin, kann dich auffangen wie einen Ball. Ich dachte von mir, im Fangen gut zu sein. Doch die Bälle, die du mir zuwirfst, sind Seifenblasen, die in der Luft zerplatzen. Ich fange nur ein wenig Seifenwasser, das mir durch die Finger gleitet. Dass ich Scheu habe, mir die Finger danach zu waschen, dieses bisschen Du abzuwaschen, es in den Abfluss laufen zu sehen, weißt du sicher nicht. Obwohl wir oft davon gesprochen haben. Davon, dass dich einfangen zu können, ein Kleinod wäre. Aufschreiben müsste man dich. Doch mir fehlen die Worte. Ich lese nur, kopiere, erkenne schnell, esse schnell, verdaue, stoße wieder aus. In einem irdischem Tempo, mein Tag hat 24 Stunden. Deiner hätte 243 Tage, falls du die Venus wärst, nach der Gaukelei, die dir an dem schwülen Abend einfällt. Ach ja, und auf der anderen Seite seist du so ergebnisorientiert, alles sollte immer in einem Tempo, das deins nicht war, einen ausstellungswürdigen Rahmen bekommen. Fix und fertig sein. Glanz abstrahlen, in dem du dich dann sonnen und aufwärmen könntest. Dabei schien schon genug Sonne auf dich – genug, um dich ständig zu fragen, wo du deine Sonnenbrille hingelegt hast. „Du redest schon wie meine Mutter", kommt es von dir. „Redest in Behauptungen, die unwiderlegbar daherkommen. Sie kann ja auch keine Dialoge führen. Beherrscht das Prinzip nicht." Ihr fehlt das Abitur. Mädel, du bist ja heute wieder ganz konfus, sagte der alte Oberlehrer zu ihr in der Dorfschule. „Damals", sagst du, „gab es keine Dialoge, da gab es nur Befehle. Und Behauptungen. Wahr oder falsch." Sätze wie, ich habe dich nie unter Druck gesetzt, wenn du deine Mutter nur ganz vorsichtig batest, doch nicht so viel Druck auf dich auszuüben. Unter solchen Sätzen eine Diskussion zu entfachen, sei wie Pflanzen auf Wüstenboden. Man reibt sich auf, reibt sich Sand in die Augen, und nichts gedeiht. „Und ich bin auch so", frage ich dich, erstaunt, verletzt, in meiner weißen, praktischen Bluse, Haare nach hinten, Wunsch nach einer Zigarette. Fühle mich ins Unrecht gesetzt. Und nun bringst du mich dazu, schon wieder Solidarität mit deiner Mutter zu empfinden. Wie wenig wir doch Initiator unserer Handlungen sind. Hättest du jetzt diesen Satz gesagt, er hätte

traurig geklungen, ein wenig dumpf vielleicht, wie eine alte
Billie Holliday-Aufnahme aus den vierziger Jahren. Wenn ich
ihn zu dir sage, wirfst du mir innerlich Geringschätzigkeit und
Pragmatismus vor. Innerlich, denn sagen tust du so etwas nie.

Auf der Venus regnet es Schwefelsäure unter der Wolken-
decke, sie ist ein noch schlecht erforschter Planet. Fast nur
russische Sonden sind da gelandet. Du bist schon wieder bei
deiner Mutter. Fort setzen sich deine Tiraden. „Ich rufe sie
doch nicht an, wenn ich sauer auf sie bin. Ich warte immer,
bis das vorbei ist. Sie hingegen steigert sich dermaßen hinein.
Steigert sich rein, und kann dann nicht mehr anders, als mich
anzurufen. Und mich dabei zu beschimpfen." Vorwürfe oder
Schweigen. „Sie ist abhängig von dir", gebe ich zu bedenken.
Ich schaue in deiner Küche umher, auf der Suche nach einer
roten oder blauen Schachtel Zigaretten. Ein Schwanengesang
der untergehenden Periode, diese Schachtel Zigaretten, die ich
nicht finden kann.

Jede Zigarette verkürzt das Leben um fünf Minuten, sagen die Amis. Viele erkranken, ohne zu sterben, schrieb Gottfried Benn.

Du entschuldigst inzwischen deine Mutter. „Einmal", sagst du, „einmal habe ich mir das so erklärt. Mein Vater war ein, wie er selbst von sich sagt, Nazi-Boy und noch ganz zuletzt im Krieg, Mutter musste kurz vor Kriegsende mit ihrer Familie vor den Russen fliehen. Aus dem Besitz meiner Großmutter gibt es nur noch den silbernen Tortenheber. Keiner hat meine fünfzehnjährige Mutter gefragt, ob sie mitwollte, das war selbstverständlich. Und ich hatte Glück und kam im Westen zur Welt. Also", sagst du, „rufe ich sie an. Aus Dankbarkeit. Aus Rücksichtnahme." Dabei klingst du hoffnungsvoll, mit Rückgrat, doch ich weiß, es ist ein Kapitulationsangebot.

Da gab es den Tag, an dem du auftreten solltest. Was für ein Gewitter in deinem Kopf. Es durchbrach deine Poren, und dann die Mikrosekunde Helligkeit, der Krach, der dich von der Schwüle in deinem Inneren erlösen sollte. Ich stand in deinem Zimmer, in der Mitte dein ausgeräumter Kleiderschrank. Die Kleidungsstücke hattest du auf dem runden Sitzkissen ausgebreitet. Du sagtest, du könntest die richtige Hose nicht finden. Du könntest nicht zu deinem Auftritt ohne die Hose. „Dann muss ich für dich lesen", war meine Antwort. Da fragtest du mich, ob ich schon einmal Petersilientee zur Abtreibung getrunken hätte. So stacheltest du dich an. Mit Fragen aus heiterem Himmel. Aber wer dich kennt, weiß, dass hinter dem heiteren Himmel in deinem Hirn konstant ein Gewitter hängt. „Pass auf", sagtest du im selben Moment und nahmst ein vollgeschriebenes Blatt von deinem Schreibtisch. „Es war einmal eine Dame, die arbeitete als Hure in einem Puff, ist das ein guter Anfang?" Und so rettetest du dir selbst den Auftritt. Vom Wein betrunken fiel ich in der Nacht in dein Gästebett. Wie ein trockener Badeschwamm. Wasserlos. Wie die Venus.

„Trink besser Petersilientee", rate ich dir jetzt, während du in der Küche die Gemüsecocktails aufzählst, die du in deiner Freizeit ausprobierst. Du stellst mir bei dem Satz großzügig den sprichwörtlichen Fettnapf vor die Füße und zeigst darauf. Die Entscheidung, hineinzutreten, überlässt du mir. Klar hast du deinen Satz von damals vor dem Auftritt längst vergessen. Abrupt schiebst du den fiktiven Napf beiseite und ziehst einen Gedankenstrich hinter meine Worte, er fährt über deinen geistigen Horizont wie der Kondensstreifen eines Fliegers. „Petersilientee. Eine schlammige Brühe, Petersilie schwimmt obenauf. Zickig, ruppig, voller grüner Widerhaken." Ich fühle, wie ich etwas nicht mehr halten kann. „Bring es an, sage ich, mach was draus, los, schreib' das auf." Du sagst sogleich, es sei wertlos. „Es verfliegt. Ungesehen, wie die Asche von Vulkanen in den gleichmäßigen Venuswinden. Schade um die Zeit." Ich verspüre den Wunsch, dir den Satz in die Haut zu gravieren. Schade um die Zeit. Oder besser Tempus fugit, die Zeit flieht. Aber mit Carpe diem lasse ich dich jetzt aus Wohlwollen in Ruhe, denn es ist unser gemeinsamer Abend. „Kann ich es denn aufhalten", fragst du weiter. Ich strecke die Waffen. Gehe mit dir durch einen dichten, überwucherten Garten, sehe das verfallene Haus deiner Urgroßeltern. Im Garten, der sehr grün von all den Bäumen, dem Gras und Unkraut ist, steht ein Tisch mit vier Stühlen. Aus Teakholz, noch neu, aber alles ist wie mit Spinnenweb überzogen. Auf dem Tisch liegt eine Seerose, die auch wie eingesponnen aussieht. Schön, traurig und vergänglich.

Metallspäne

Bei schönerem Wetter liegt die Landschaft in einem lauen Licht, das sich farblich schwer abbilden lässt. Ob es halbwegs gelingt, hängt nicht nur von der Konsistenz der Farbe und ihres Trägers ab, sondern auch vom Raumzustand, vom Zeitzustand, in dem der Malende sich befindet. Und von der Dichte der Rezeptoren auf der Netzhaut, die für das Farbsehen verantwortlich sind. Und Sommerhitze so darzustellen, dass sie dem Auge des Betrachters als solche erscheint, ist an die Kunst des gleichzeitigen Riechens, Schmeckens und Sehens gebunden. Wohl sei dem, der bei all diesen Sinneseingebungen noch in der Lage ist, sich seines Verstandes zu bedienen und die Hand über das Papier zu führen.

Um Vivians Sätze zu erproben, hatte sich Esther an diesen Ort gewagt. Sie ging jeden Morgen die Strandpromenade entlang und stellte sich vor, Schnee würde sich unmerklich der Landschaft bemächtigen. Eine Landschaft wie in Glaskugeln, mit denen man Kinder erfreut. Sie war aus Geldnot Vivians Modell geworden. Stutzte, als er ihr seinen Namen nannte. „Nach Oscar Wildes zweitem Sohn, eigentlich Vivian mit zwei y. Meine Mutter hat immer Wilde gelesen." Er saß fiebernd in drei Kamelhaardecken gehüllt, sie neben seinem Sessel auf die Knie gehockt. Er hatte ihr ein solches Schneeglas gezeigt, während er mit der anderen Hand unter den Decken herumsuchte. Er empfand dem Spielzeug gegenüber so etwas wie Achtung und Verzagtheit. In seinen Lungenspitzen hatten Bakterien eine Wohngruppe gebildet. Er saß bei über zwanzig Grad Wärme in Decken gehüllt, drehte die Kugel, betrachtete die Flocken aus Metallspänen, die wahrscheinlich beim Feilen in den Fabriken abgefallen waren. Nun trieben sie unter der gläsernen Kuppel mit blauem Boden. Der Zirkus darin war angeklebt, und die winzigen Menschen kannten keine Bewegung, kein Fortschreiten. Vivian griff sich unter den Hintern und zauberte schließlich, Esther musste lachen, Vivian, die Zaubernuss, zwei grünliche Pillen und zwei Zigaretten hervor. „Eine für Esther, eine für Vivian. Eine für Esther, darfst du rauchen – ich nicht." Er schluckte die Pille herunter, ohne Wasser, er war das offenbar gewohnt, und schob sich den Zigarettenfilter zwischen die zurzeit sehr blassen Lippen. Machte mit der anderen Hand eine Faust um das zweite Pillen-Zigaretten-Duett. Esthers Herz pumpte Blut in Lungen und Gehirn, schlug im Takt mit ihrem Atem. Sie hatte Vivian das Schneeglas aus dem Schoß genommen, nur um etwas in den Händen zu halten, drehte sie es vom Kopf auf die Füße und wieder zurück, sodass die Wasserblasen unaufhörlich den Ort wechseln mussten, unsinnig herum gescheucht wurden. Vivian hielt die Zigarette unangezündet zwischen den Lippen. Offenbar wollte er sich kein Feuer geben. Vivians Zimmer war ein Hochseil, ihn hier zu besuchen, war ein Kunststück, für das sie niemand außer einer fiktiven Invalidenfraktion bewunderte.

2

Esther ging mittags mit Vivians Freund Eduard über den Strand. Weniges konnte leerer sein als der Strand um die Mittagszeit. Mit dem Licht, das den Sand in weiter Ferne vor den Augen zu Schnee werden ließ. „Vivian verschläft den

Vormittag und schluckt dann die grünen Pillen, um rauchen zu dürfen. Sie machen den Schmerz in seiner Lunge taub.“ Esther zog sich die Sandalen von den Füßen und spürte, wie ihre Fußsohlen vom heißen Sand brannten. Eduard hingegen ließ seine schwarzen, geputzten Schuhe an und legte auch die langen Hosen nicht ab. Er drückte Esther mit der Hand den Rücken durch, sodass sie gezwungen war, gerade zu gehen. „Das Leben ist eine ungespeicherte Datei. Du hast das Privileg, von Vivian abskizziert zu werden, und wenn du Glück hast, legt er von dir eine Sammlung an.“ „Dafür bin ich schlicht hundert Jahre zu spät geboren. Vivian gehört in eine andere Zeit – in die Zeit Oscar Wildes.“ Esther riss einen überhängenden Faden von ihrem Rock ab. Der Rock knisterte und plusterte sich auf, als sie die Hand unter den Saum schob. Sie wiederholte sich ungern, und dennoch drängte es sie, Eduard die immer gleichen Sätze zu sagen, als würde es sich dabei um Formeln handeln.

3

Esther saß auf dem Balkon – zur sonnenabgewandten Seite.
So dunkelte ihre Haut nicht nach, und sie transpirierte nur
eine dünne, gleichmäßige Schicht – wie Tau, der auf Blättern
liegt, sagte Vivian. Sagte Vivian, als er Esther zu seinem
Modell machte. Sie erhob sich aus dem Liegestuhl, trocknete
Nacken und Arme, ließ sich wieder sinken, den Kopf über die
Lehne gebeugt. Atmete dabei aus, langsam, und spitzte den
Mund, als wollte sie Seifenblasen pusten. Es wäre ja möglich,
dass die Lufttemperatur am späten Nachmittag, nach fünf
Uhr, unvermutet abfiel und Esthers Atem sichtbar machte.
Sie steckte erst die Zehen, dann den ganzen Fuß bis zur Wade
durch die Ornamente am Geländer, die verbogen und rot von
Rost waren. An einigen Stellen hatten sie harte Quadrate und
Rundungen, die ihr die Haut zerkratzten. Esther nahm das
Fernglas vom Klapptisch und führte es an ihre Augen,
drückte es fest, sodass es anbackte und beschlug. Sie sah
winzige Tierchen in einem Bassin, während hinter ihr Vivian
stand und sich mit ihrer Rückansicht beschäftigte.

Im Venusbassin können sämtliche Unterwassertiere ungestört Kreise

ziehen oder Fressorgien veranstalten. Erstens ist es tief wie ein Brunnen

ohne Grund und zweitens sieht man sie nicht. Ich meine, die Tiere in

ewigem Dunkel. Hier hingegen ist es so hell, dass man die Farben nicht

voneinander unterscheiden kann. In ihre ungestört tierische, sprachlose

Existenz, ins Eiweißkonzentrat zurückzukehren, nein, hinein schwim-

men, ist mein Wunsch. Hier erfüllt er sich makellos, ohne Zensur.

Auf die Leinwand malten sich Linien. Esther kam vom

Balkon ins Zimmer und stellte sich davor, das Tageslicht

überblendete sie fast. So sich in spiegelverkehrten Bildern neu

ins Passepartout setzen zu lassen und dann nicht mehr zu

wissen, in welches Jahrhundert man selbst gehört. Esther sah

einen Menschen, Vivian, gegen den Tisch gelehnt und

zugleich seinen Schatten auf die gegenüberliegende Tapete

projiziert, eine Gestalt in einen Gesellschaftsanzug gewandet,

alt in einem jungen Körper, inkarniert, mit Augen blind für

das erst begonnene 21. Jahrhundert. Mit den Augen fixiert auf

ein Glas, in dem Schneeflocken wirbelten, nur zum Schein

wurde Esther jetzt von der blauvioletten Iris unter Vivians Augenlidern frontal zu ihr angeschaut, in Erwartung. „Also, was hältst du davon, soll ich weiter machen damit? Wäre das was für dich, es muss aber ein Zyklus werden, ich brauche dich für länger, es gehören insgesamt vierzig Zeichnungen dazu, acht habe ich erst."

4

Als ob sie es durch die forcierte Geschwindigkeit spüren konnte, das Licht. Esther trainierte es auf dem Fahrrad, fuhr mit dem Fahrrad auf dem zerplatzen Betonboden der Strandpromenade entlang. Vormittags, gegen zehn Uhr, der Himmel eine blaue Mauerfassade, ohne Graffiti. Aber dann dachte sie. Dachte. Fantastisch. Grün.

Das Grün eines Aquariums stülpt sich kopflos, kopfüber auf mich. Und das Violett in der Beleuchtung eines Blumenladens. Der Stand der Sonne hatte sich unmerklich verändert. Esther war die Frau auf dem Fahrrad. Und weil die Musiker auf der Promenade ihr kein Ständchen brachten, und sie die Dinge in Bewegung nicht anhalten konnte, nicht wollte ... eben weil die Füße nicht aufhörten, sich an die Pedalen zu heften und vorwärts zu treten, fortwährend zu stampfen, damit ihre Haare...

„Also, ihre Haare so fliegen können wie –"

„auf dem Plakat von Alfons Mucha?"

„Eduard, lach nicht über mich ... also ja, damit ihre Haare so elektrifiziert knistern, sich dehnen und wölben können wie die bei Muchas Zeichnung von der Frau auf dem Fahrrad...“

„Ihr Haar berührt nicht mal die Schultern, Vivian. Und ihr Rock wird in den Speichen sich verfangen."

„Nein, wird er nicht."

Eduard und Vivian lagen auf dem Sofa, Vivian hatte wohl zwei von den grünen Pillen geschluckt. Lunge im Ruhezustand. „Was steht in der Zeitung, Eduard?"

„Frau mit ihrem Fahrrad ohne Bremsen kopfunter ins Meer gestürzt, Maler mit halber Lunge hinterher, um sie zu retten."

5

Streich für Streich wurde sich Esther ihres Alters bewusst, arbeitete sie sich in die Materie hinein, in die Matrix, aus der ihr ein Gegenüber Auskunft über sie erteilte – ablesbar war sie, und sie wollte es sogar noch dem Spiegel verkünden, in dem alles, was sie sah, trainiert war und verkehrt auf der Seite. Esther saß vor dem Spiegel auf der Küchenbank, sah in den blassgrünen Rahmen und schlug die Tageszeitung auf. Takt auf. Sonne baumelte durch die vor die offene Balkontür gezogene Gardine gegen die Wand, Vormittagssonne, Spätaufstehersonne. Sonne, welche die Streifen auf der Gesichtshaut glättet – oder vertieft. Sie musste das Gesicht von der Sonneneinstrahlung weghalten. „Rück ein Stück zur Seite, Eduard, lass mich mit auf deinen Platz. Schau dir die Streifen auf meinen Wangen an. Die kann kein Arzt je begreifen. Es sind die Fragmente der letzten halben Stunde. Es sind die hundert Gesichter einer Stadt. Weiße Villen neben abbruchreifen Häusertorsi, Holundersträucher und Eisengitter mit rostroten, verbogenen Stäben. Julia, hinter herausgebrochenen Fensterscheiben, blätternder Fassade, sucht ihren Romeo.

Aufstellung

Wenn ich Blumen aufstelle, denkt sie, mache ich das nicht symmetrisch. Nicht für abends, nicht für morgens, keine für die Sonne, keine für den Mond. Die Wände meiner Wohnung gehen nach West und Ost, nach Nord und Süd. Wenn ich Blumen aufstelle, sagt sie, werfe ich sie bunt durcheinander in eine mit Wasser gefüllte Vase, wie Mikadostäbe. Sie fallen nach allen Seiten bis dahin, wo das Porzellan der Vase sie hält. Sie lachen mich von Tag zu Tag dunkler an, in ihrem Rot, in ihrem Gelb, in ihrem Lila und Rosé. Ich schneide sie kürzer. Wenn ich gehe, sagt sie, gehe ich dorthin, wo seine Wohnung liegt hinter Glas, betrete sein schwach beleuchtetes Bad mit den nicht sichtbaren Lichtballons in Rot und Orange, gehe durch die weißen Türen nach links und nach rechts, nah beieinander und schmal in der Fassung, gleich in ihrem Abstand, ich tauche meine Hände unter kaltes Wasser und lasse es in den Abfluss laufen, gegen den Uhrzeigersinn, das Licht trifft meine Augen nur blass, rot von links, orange von rechts, sie stoßen gegen zwei silberne Becher von links und von rechts,

ich denke, für morgens, für abends, für Sonne und Mond, für

zwei Paar Zähne von links und von rechts.

Unter Fixativ

Die Zeit mit dir, das war nicht nur die schönste Zeit in meinem Leben – insofern Schönheit all das mit einschließt, was an Kaltem, Exzessivem sich dort eingeschrieben hat – es war die Zeit, in der ich rücksichtslos ausleben durfte, was mir mitgegeben wurde.

Ich gehe morgens aus dem Haus mit einer Entschlossenheit, die meine Füße zwingt, deine Wohnung aufzusuchen. Von diesem Ort fährt eine Straßenbahn über acht Stationen, nach der sechsten muss ich umsteigen. Ich gehe nicht, ich werde gezogen, führe eine Bewegung aus, die eine fremde Kraft in mir erzeugt. Es ist mein einziges Fliegen, mein Vibrieren. Die Menschen um mich herum erscheinen wie fahle Schatten. Sie sind Statisten in dem Spiel, das ich atme und lebe. Mein Gesicht ist gemalt. Ich kleide mich für meine Zeit mit dir. Meist sitzen wir, fühlen nur die Nähe des anderen, die Energie, die in unseren Worten liegt. Ich gehe durch deine

Zimmer, über die schwarzen Stoffe, die Teppiche an meinen Füßen sind. Meine Füße warm auf deinem Boden, wissend, dass sie zu Hause sind. Deine Haut ist kühl, dein Mund ist warm und kunstvoll rot. Rot malt sich über meinen Augen ab, dein Rot. An der Wand neben dem Bett trübt sich der letzte schmale Rand der Vormittagssonne. Zwei Stunden mit dir, stehendes Jetzt. Niemals wieder eins. Und sie leuchten in mir wie Farbe unter Fixativ.

Du hattest deine Stunde abgesagt. Wir gingen im Park. Deine Finger waren müde und schmerzten, du bewegtest sie kaum. Ihr lebendiges Spiel war verblasst, es sah aus, als liefen sie neben dir her. Du schautest auf deine Hände, deine Unvollkommenheit ließ dir niemals Ruhe. Spiegelten sich Schmerz und Täuschung in deinem Spiel? Ich weiß es bis heute nicht. Ich kenne nur deinen Ausdruck, der etwas in mir zum Klingen brachte, das für dich das Ergebnis von langem Formen am Unfertigen war. Ich muss schreiben – für dich muss ich es, für dich und auch für mich. Geformtes Leben für dich, noch ungewohnt für mich.

Noch war Winter. Der Park lag in bleichem Nebel, durchzogen von kränkelnden Sonnenfäden. Ich ging mit dir, nahm deine Finger nacheinander in meine. Deine warmen, weißen Hände, die so gut zu formen wussten. Waren sie dir voraus? Tastende Worte, die schweigend sprechen. Wir gingen, die kalte Luft atmend, ein Atmen, das meine Wahrnehmungen in hunderte von Einzelmomenten zersplittern ließ. Ausgeatmete Kristalle zeichnete ich auf deinen rotgefärbten Mund. Energie ist diejenige Größe, die aufgrund der Zeitinvarianz der Naturgesetze erhalten bleibt. Wir saßen in dem Lokal, wo ein Freund von dir Klavier spielte, ein Freund, mit dem du abends manchmal ein paar ironische Bemerkungen austauschtest. Wenige, treffende, in normaler Lautstärke gesprochene Worte, viel wissender Ausdruck auf den Gesichtern. Wenn ich dich abholte, saß er meist im anderen Winkel des Lokals. Später, es war bereits Nachmittag, hattest du dir einen Band Heine gekauft.

Glattpoliert

Landschaftlich ist dieser Ort nicht schön gelegen. Glattpolierte Äcker, kalter Wind, lichtschluckende Tannen vor den Fenstern. Das Licht und die polierten Flächen rastern das Gebilde, dirigieren die Formen. Durch den Entzug der Lieblichkeit geraten Farben und Formen in ein trockenes Übergewicht. Es prägt sich etwas ein. Tag und Nacht, Hell und Dunkel, Elementares in seinen Übergängen. Die Natur gestattet der Phantasie das Filtern: Leuchtendes Flaschengrün ist der Farbwunsch beim Übergang in die Dunkelheit, später ein moosiges Grün, in das sich Schwarz einmischt. Dem Kubistischen stellt sich die Atmosphäre entgegen, die Farben und Formen fortwährend verändert. Unmerklich, denkt sie, solange sie nicht aufmerksam ist. Doch sobald sie sich auf das Betrachten konzentriert, werden die Bewegungen rasch aufeinanderfolgend, laufende Bilder.

Sie hat die oberflächlich gefrorenen Äcker studiert. Die Bombentrichter bekam sie nie zu sehen. Die waren schon lange zugeschüttet. Wie tief kann der Frost gehen? Novemberluft, Sonnendunst, das Frostige, damals. Das und die Krähenschwärme sind die wenigen Erinnerungen an ihre Jugend. Das, und was sie im Kopf dabei textete, einen Brief, den sie schrieb.

,

Edition Blume

Leipzig 2016

Verlag *Edition Blume*

Die *Edition Blume* ist ein junger Verlag mit Sitz in Leipzig. Damit wir wachsen, brauchen wir Menschen, die wie wir die Literatur lieben. Literatur, die sich durch Dichte, Musikalität und Freude am sprachlichen Spiel auszeichnet. Uns begeistern Texte, die Mut haben, das Vielschichtige zu zeigen. Die von Zwischentönen leben. Denn die poetische Sprache hat mehr als nur einen Sinn. Kurze Prosa, die sich auf den Moment konzentriert, verdient Aufmerksamkeit und Publikationschancen. Besonders dieser Form möchte die *Edition Blume* ein Podium bieten.

Wir freuen uns auf Ihre Einsendungen. Wenn uns ein Manuskript gefällt, bieten wir Ihnen ein kostenloses und professionelles Lektorat sowie eine Veröffentlichung mit Autorenvertrag in unserem Verlagsprogramm an.

Manuskripteinsendung, Leseprobe, Exposé oder Projektidee mit einer näheren Beschreibung bitte an:

scripts@edition-blume.de

Von Gesche Blume außerdem erschienen im Leipziger Literaturverlag:

Lilith im blauen Kleid   Hörbuch Untemperiert

Gesche Blumes Geschichten elektrisieren und gehen unter die Haut. Die Autorin stilisiert scheinbar völlig nebensächliche Momente. Friert sie ein für die Ewigkeit, lässt sie leuchten wie einen Bernstein, in dem eine Libelle seit Urzeiten gefangen ist. Faszinierend und geheimnisvoll, dunkel und mystisch, von unnahbarer Schönheit. (Schweriner Literaturtage 2006)

1967 in Wolfenbüttel als Tochter eines Buchbinders geboren, entdeckte Gesche Blume schon früh ihre Liebe zu Büchern. Studiert und gelebt u.a. in London, Marburg und Dresden, hat sie inzwischen in Leipzig eine Wahlheimat gefunden. Mit der *Edition Blume* erfüllt sie sich nun auch den Traum vom eigenen Verlag.